Japan

Für die einen ist es der Inbegriff fernöstlicher Exotik, ein Traumland mit uralten Traditionen, einer geheimnisvollen Kultur, seltsamen Bräuchen und ungemein höflichen Menschen. Die anderen bewundern – oder fürchten – Japans wirtschaftliche Leistungsfähigkeit, den Fleiß und die Disziplin seiner Bewohner. Manche fühlen sich auch durch Japan bedroht, das Land ist ihnen unheimlich. Bei vielen erschöpft sich die Beziehung im täglichen Umgang mit allerlei Erzeugnissen »Made in Japan«. Wer Japan von innen erlebt, mit den Japanern im Alltag verkehrt, macht bald die Erfahrung, dass auch dort »nur mit Wasser gekocht« wird und man auch dort durchaus Zugang zu den Menschen finden kann. Was die Japaner und ihr Land von uns unterscheidet, sind eher Äußerlichkeiten: fremde Schriftzeichen, die Architektur der Tempel und Schreine, andere Essgewohnheiten oder für uns ungewohnte Verhaltensmuster, etwa die vielen Verbeugungen.

Dieses Buch will den Zugang zu Tanaka Taro erleichtern, dem japanischen Otto Normalverbraucher. Es möchte helfen, die Kluft zwischen dem Selbstverständnis der Japaner und den Außenansichten über Japan zu überbrücken, indem es Grundkenntnisse über Land und Leute vermittelt. Japaner wissen meist mehr über uns Europäer und unsere Kultur als wir über sie und ihr Land. Das hat historische Gründe: Japan hat seine Modernisierung im vorigen Jahrhundert an westlichen Vorbildern ausgerichtet. Heute ist Japan in der Welt zu Hause. Es wird Zeit, dass sich Europa mehr mit Japan beschäftigt. Wenn man weiß, was den anderen bewegt, fällt es leichter, sich zu verständigen – und zu verstehen.

POLYGLOTT LAND & LEUTE

Japan

Gebhard Hielscher

Inhalt

Nachgelesen

Gebhard Hielscher

lebt seit über 30 Jahren mit seiner japanischen Frau in Tokyo und spricht fließend japanisch. Als Korrespondent einer großen deutschen Tageszeitung hatte er ebenso selbstverständlichen Umgang mit Spitzenpolitikern und prominenten Unternehmern wie mit Fabrikarbeitern, Reisbauern oder Fischhändlern.

Polyglott im Internet: www.polyglott.de,
im Shell GeoStar unter www.ShellGeoStar.com,
im Travel Channel unter www.travelchannel.de

Herausgeber: Polyglott-Redaktion
Autor: Gebhard Hielscher
Lektorat: Polyglott-Redaktion
Layout: Ute Weber, Geretsried
Karte: Polyglott-Kartografie
Titeldesign-Konzept: Klink, Liedig Werbeagentur GmbH, München
Satz: Tim Schulz, Dagebüll
Erste Auflage 2002

Printed in Germany
ISBN 3-493-60583-8
Dieses Buch wurde auf chlorfrei gebleichtem Papier gedruckt.

Als der venezianische Weltreisende Marco Polo gegen Ende des 13. Jahrhunderts von seinen Fernostreisen heimkehrte, berichtete er von einem wundersamen Land, in dem sogar die Häuser vergoldet seien, ohne je selber dort gewesen zu sein: Zipangu. Daraus hat sich unsere heutige Landesbezeichnung »Japan« entwickelt. Die Japaner selbst nennen ihre Heimat Nippon, Ursprung der Sonne.

Heute treffen Japanreisende meist mit dem Flugzeug ein. Die stundenlange Fahrt nach Tokyo ist wie ein Einführungskurs in die japanische Gegenwart. Es beginnt idyllisch mit Reisfeldern, Bambushainen, einzelnen Bauernhöfen, einer Pagode in der Ferne. Doch allmählich wird das Grün spärlicher, die Besiedelung dichter, die Straßen füllen sich. Bald reihen sich Haus an Haus, Fabrik an Fabrik, Auto an Auto. Schließlich wächst alles zusammen zu einem schier endlosen Häusermeer, das bisweilen durch einen Fluss oder die auf hohen Betonstelzen ruhende Stadtautobahn durchschnitten wird. Und das soll nun Japan sein?

Viele Japaner aus der Provinz empfinden ihre Hauptstadt fast wie ein Stück Ausland. Allerdings hat das Monstrum Tokyo auch seine gemütlichen Seiten, etwa wenn sich am Abend die unzähligen Lokale und Imbissstände mit fröhlich schwatzendem Publikum aus den Bürohäusern füllen, oder beim Bummel durch eine der schmucken Einkaufsstraßen in den eher »dörflichen« Wohnvierteln. Hier vergisst man leicht, dass man sich in der Metropole der zweitgrößten Wirtschaftsmacht der Welt befindet. Aber wer wirklich in die Vergangenheit zurückblicken will, sollte die alten Kaiserstädte Kyōto und Nara besuchen, die schnellsten Züge schaffen die 500 km dorthin in zweieinhalb Stunden. Und unterwegs grüßt der Fuji die Reisenden.

Aberglaube

Am 27. Januar 1983 drückte Ministerpräsident Nakasone Yasuhiro in seinem Tokyoter Amtssitz auf einen Knopf und löste damit in der rund 800 km entfernten Straße von Tsugaru eine Explosion aus. Sie durchbrach 240 m unter dem Meeresspiegel das letzte Stück Erdreich zwischen der japanischen Hauptinsel Honshū und der Nordinsel Hokkaidō. Der fünf Jahre später eröffnete Seikan-Tunnel ist mit fast 54 km – davon mehr als 23 unter dem Meeresboden – das längste Tunnelsystem der Welt. Dieselben Baubehörden und Bauarbeiter, die mit modernsten Methoden dieses Jahrhundertwerk der Technik schufen, weigerten sich hartnäckig, einer Frau den Zugang zur Baustelle zu gestatten: Ihr Eindringen könnte die Berggöttin eifersüchtig machen und so ein Unglück heraufbeschwören. Ähnlicher Aberglaube hatte Frauen früher verboten, Japans berühmtesten Berg zu besteigen, den 3776 m hohen ▶ Fuji. Das Tabu wurde erst 1867 von Lady Parkes gebrochen, der Frau des britischen Gesandten am Kaiserhof.

Die Eifersucht der Berggöttin

Japaner heiraten vorzugsweise an einem *Daian,* der im Sechstagerhythmus des alten chinesischen Kalenders als Glückstag gilt. Der Unglückstag *Butsumetsu* empfiehlt sich nur für Trauerfeiern (oder für den schmalen Geldbeutel: Hochzeitspaare werden an diesen Tagen mit großen Preisnachlässen geködert). Tote werden mit dem Kopf nach Norden aufgebahrt. Viele Japaner verweigern deshalb diese Schlafposition.

Glücks- und Unglückstage

Das Horoskop betont das Geburtsjahr, nach einem der zwölf Tierkreiszeichen benannt: Ratte, Stier, Tiger, Hase, Drache, Schlange, Pferd, Widder, Affe, Hahn, Hund und Wildschwein. 1995 endet mit dem Jahr des Wildschweins ein Zwölferzyklus, die Ratte leitet 1996 einen neuen ein. Auch Monate und Tage wurden früher

Tierkreiszeichen

nach dem Tierkreiszyklus bezeichnet. Am Tag des Hundes gehen noch heute manche schwangeren Frauen zum Schrein und beten für eine »hündisch« leichte Geburt.

Unter den verschiedenen Arten der Wahrsagerei *(Uranai)* ist die Kunst des Handlesens *(Tesō-jutsu)* besonders populär. Wahrsager – oft Frauen – warten am Abend in den Vergnügungsvierteln oder an Bahnhofsvorplätzen hinter Standlaternen auf Kundschaft. In vielen Schreinen und Tempeln – aber auch an Tischautomaten mancher Lokale – kann man Zettel mit Orakelsprüchen *(O-Mikuji)* kaufen. Verheißt der Inhalt nichts Gutes, bindet man den Zettel zusammengefaltet an den nächsten Strauch oder Baum in der Hoffnung, dass das Unglück dort zurückbleibt. Tempel und Schreine verkaufen auch *O-Mamori* oder Amulette, die zum Schutz vor Verkehrsunfällen am Auto angebracht oder zur Abwehr von Krankheiten in der Tasche getragen werden. Votivbilder *(Ema)*, bunte Holztäfelchen, auf die Wün-

Wahrsager im Ginza-Viertel in Tokyo

sche oder Danksagungen geschrieben werden, hängen bisweilen zu Hunderten in Tempeln und Schreinen.

Viel Aberglaube verbindet sich mit Zahlen oder Wörtern, die bei gleicher Aussprache, aber anderer Schreibweise Glück oder Unglück bedeuten können. Zum Beispiel »fehlt« bei Gebäuden oft der 4. Stock oder auf nummerierten Parkplätzen der Stellplatz 4, weil die Zahl 4 genauso ausgesprochen werden kann wie das Schriftzeichen für »Tod« *(Shi).* 42 gilt ebenfalls als Unglückszahl und als gefährliches Lebensalter, da die beiden Ziffern als *Shini* ausgesprochen »Tod« bedeuten. Andererseits wird zur Hochzeit gern eine Seebrasse geschenkt, weil dieser Fisch auf japanisch *Tai* heißt, was genauso klingt wie die Endung des Wortes *medetai,* zu deutsch »glücklich, Glück verheißend«. Ein neuer Aberglaube hat sich um angeblich aus der Blutgruppe abzuleitende Charaktereigenschaften gebildet; manche Firmen berücksichtigen dies bei Personalentscheidungen.

Zahlen und Schriftzeichen

▶ Arbeitsleben

Der typische Arbeitnehmer nennt sich *Salaryman,* Gehaltsempfänger. Das weibliche Gegenstück ist die OL (von *Office Lady,* Bürodame). Beide Begriffe sind Schöpfungen des *Japanese English,* einer oft eigenwilligen Verwendung englischer Ausdrücke. Übrigens wurde das deutsche Wort »Arbeit« ebenfalls ins Japanische übernommen, wobei es eine doppelte Verwandlung erfuhr: Man spricht von *Arubaito* und meint damit Gelegenheitsarbeit.

Salaryman und Office Lady

Salaryman und Office Lady starten ihr Berufsleben – nach Bestehen einer Aufnahmeprüfung – mit Beginn des Geschäftsjahrs am 1. April (▶Kalender). Akademiker werden in der Regel nicht als Fachleute, sondern als Generalisten eingestellt und erst einmal durch die verschiedenen Abteilungen des Unternehmens geschleust. Die eigentliche Ausbildung erfolgt im Betrieb und ist so gut oder schlecht wie das Unternehmen. Fragt man Japaner nach ihrem Beruf, so antworten sie mit der Firma, bei der sie beschäftigt sind: Nicht die Art der Tätigkeit steht im Mittelpunkt, sondern der Arbeitgeber.

Im Mittelpunkt steht der Arbeitgeber

Die Vergütung (▶ Einkommen) richtet sich nach Einstufung und Dienstjahren, neuerdings auch nach der individuellen Leistung. Bei größeren Unternehmen wird ungefähr ein Drittel der Jahresbezüge als Sommer- und Winterbonus gezahlt. Jährliche Gehaltserhöhungen sind üblich. Je größer die Firma, desto besser sind die betrieblichen Einrichtungen und desto großzügiger die Sonderleistungen. Billige Junggesellenheime, preisgünstige Firmenwohnungen, Kantinen mit guter Küche, eigene Krankenhäuser, Sportanlagen oder Ferienheime können ebenso dazugehören wie günstige Kredite für den Hauserwerb, ja sogar Hilfe bei der Eheanbahnung. Viele Betriebe versuchen, ihre Mitarbeiter durch das Tragen von Firmenabzeichen auch außerhalb der Dienstzeit, das Absingen der Firmenhymne vor Arbeitsbeginn, Gruppengymnastik am Morgen und in den Arbeitspausen und gemeinsame Freizeitaktivitäten emotional an sich zu binden. Bei der jüngeren Generation stoßen solche Aktivitäten allerdings zunehmend auf Ablehnung.

Gehalt

Sonderleistungen

Japanische Arbeiter stehen in dem Ruf, sich besonders loyal zu verhalten. Die Beschäftigten der Großunternehmen haben dafür handfeste ökonomische Gründe. Ob die »Firmentreue« jedoch mehr als wirtschaftliche Ursachen hat, ist fraglich. Im Übrigen sind nur 11 % aller fest angestellten Arbeitnehmer in Betrieben mit mindestens 500 Mitarbeitern beschäftigt, 35 % dagegen in Kleinfirmen mit 5 bis 29 Mitarbeitern. Ge-

Firmentreue

werkschaften *(Rōdō Kumiai)* gibt es fast nur in größeren Unternehmen, und sie verteten nur die Mitarbeiter des eigenen Betriebes.

Lebenslange Beschäftigung

Selbst Großunternehmen gewährleisten nicht mehr automatisch eine »lebenslange Beschäftigung« *(Shūshin Koyō).* Das reguläre Arbeitsverhältnis endet meist mit dem 60. Lebensjahr; Großfirmen zahlen dann eine Kapitalabfindung *(Taishokkin)* in Höhe von etwa einem Monatsgehalt pro Dienstjahr. Viele arbeiten aber weiter – man nennt das »zweites Leben« *(Daini no Jinsei)* –, entweder als *Shokutaku* (Vertragsmitarbeiter) bei der bisherigen Firma mit einem 20 bis 30 % niedrigeren Gehalt oder in einer kleineren Tochterfirma mit noch geringerer Vergütung.

Versicherungen

Renten-, Kranken- und Arbeitslosenversicherung sind ähnlich organisiert wie in Deutschland. Neben der Altersversorgung für Arbeiter und Angestellte wurde 1961 eine Volksversicherung eingeführt, die alle nicht anderweitig Versicherten zwischen 20 und 60 Jahren erfasst: Wer mindestens 25 Jahre lang Beiträge geleistet hat, erhält ab 65 Jahren eine Grundrente.

Überarbeitung

Japaner gelten als arbeitswütig. Aber nicht jeder japanische Arbeitnehmer stirbt an Erschöpfung. Dergleichen kommt aber immerhin so häufig vor, dass es dafür einen eigenen Ausdruck gibt, der auch im Ausland zu traurigem Ruhm gelangt ist: *Karōshi,* Tod durch Überarbeitung. Es gibt durchaus auch faule Japaner. Und bei der Arbeitsdichte bestehen zwischen Fließband- und Büroarbeit oder Klein- und Großbetrieben große Unterschiede. Während die Mammutfabriken stark durchrationalisiert sind, wird in den Büros – wie im gesamten Dienstleistungsbereich – oft mit erstaunlich großem Personalaufwand gearbeitet. Außerhalb des produzierenden Gewerbes ist Ineffizienz weit verbreitet.

Urlaub **Überstunden**

Statistisch erwiesen ist, dass Japaner mit etwa 1900 Stunden im Jahr viel länger arbeiten als Deutsche oder Franzosen mit rund 1600 Stunden. Hauptursache dieser Diskrepanz ist der kurze Urlaub der Japaner. Während deutsche Arbeitnehmer etwa 30 Tage bezahlten Urlaub pro Jahr haben – und auch nehmen –, stehen ihren japanischen Kollegen rund 18 Tage Urlaub zu, von dem sie in der Regel nur 9 Tage nehmen. Japaner machen zudem doppelt so viele Überstunden wie die Deutschen, vor allem in Großbetrieben. Und die Fünftagewoche ist noch nicht voll durchgesetzt, besonders in kleineren Betrieben. Immerhin ist die Verkürzung der Arbeitszeit auch ein erklärtes Ziel der Regierung.

Frauen

Knapp die Hälfte aller Arbeitnehmer sind Frauen, ein Drittel davon sind teilzeitbeschäftigt (bei den Männern nur jeder zehnte). Früher wurden junge weibliche Mitarbeiter gedrängt, bei Heirat, Geburt des ersten Kindes oder im entsprechenden Alter zu kündigen. Derlei offene Diskriminierung ist heute weitgehend überwunden, doch sind Frauen bei der betrieblichen Ausbildung und bei Beförderungen noch häufig benachteiligt. Sie sind daher besonders stark in den niedrigen Lohngruppen vertreten. Die Vergütung weiblicher Arbeitnehmer erreicht im Durchschnitt nur 60 % des Lohns ihrer männlichen Kollegen.

Tagelöhner

Die nach Ansehen und Arbeitsbedingungen unterste Gruppe der Beschäftigten bilden die *Hiyatoi,* Tagelöhner oder Gelegenheitsarbeiter. In vielen Großstädten gibt es Viertel, in denen diese Unterprivilegierten am frühen Morgen darauf warten, für den Tag angeheuert zu werden, meist für Schwerarbeit auf einer Baustelle. Aber wenn die Wirtschaft stagniert, gibt es nur wenig Arbeit. Das Hiyatoi-Viertel von Tokyo heißt Sanya. Allerdings wird man diesen Namen auf neuen Stadtplänen nicht finden. Die Gegend zwischen der »Brücke der Tränen« *(Namida-bashi)* und Higashi-Asakusa im Stadtbezirk Taito wurde vor Jahren nach Unruhen umgetauft. Sie macht auf den ersten Blick einen ordentlichen Eindruck. Was Sanya von anderen Stadtteilen unterschiedet, ist die Zahl der Betrunkenen, die hier am helllichten Tag auf der Straße herumlungern. In schlechten Zeiten hat Sanya die größte Konzentration von Arbeitslosen und Notleidenden in Tokyo.

Problemviertel Sanya

Architektur

Die Spannweite japanischer Baukunst reicht von der archaischen Pfahlbauweise der *Shintō*-Schreine, deren Ursprünge in der Yayoi-Zeit (3. Jh. v. Chr. bis 3. Jh. n. Chr.) liegen, bis zum 1991 eingeweihten Neuen Rathaus von Tange Kenzō in Tokyos Wolkenkratzerviertel Shinjuku. Mit dem Buddhismus gelangten im 6. Jahrhundert über Korea chinesische, koreanische und indische Stilformen nach Japan, die besonders den Tempelbau prägten.

Anders als auf dem asiatischen Festland herrschte in Japan – von Burgfundamenten und Schatzhäusern einmal abgesehen – bis zum späten 19. Jahrhundert die Holzbauweise vor. Neben den häufigen Erdbeben ist dies eine Erklärung für die geringe Zahl alter Baudenkmäler: Holzhäuser brennen leichter als Steingebäude. Erst die Einführung westlicher Bautechniken und Stilformen in der Meiji-Zeit (1868–1912) verhalf der Stein- und Ziegelbauweise in Japan zum Durchbruch. Heute bestimmen moderne Betonbauten das Bild der Innenstädte, auf dem Land sieht man immer weniger der strohgedeckten traditionellen Bauernhäuser, Ziegel und Wellblech sind auf dem Vormarsch. Doch wer es sich leisten kann, baut sein Häuschen noch immer am liebsten aus Holz.

Holzbauweise

Japans ältesten Baustil, *Taisha-zukuri,* repräsentiert am reinsten der Izumo Taisha auf der Halbinsel Shimane. Die schlichten Pfahlbauten dieses bedeutenden Shintō-Schreins zeichnen sich durch weit vorspringende Schindeldächer aus Zypressenrinde, quer auf dem Dachfirst aufliegende Rundbalken und kreuzweise hoch übers Dach hinausragende Giebelsparren aus. Noch immer im Rhythmus von zwanzig Jahren abgetragen und im uralten Baustil des *Shimmei-zukuri* daneben wiederaufgebaut (das letzte Mal 1993) wird der Ise Jingū auf der Halbinsel Ise, das höchste Shintō-Heiligtum des Landes. Rot lackierte Holzteile bei Tempeln und Schreinen weisen auf chinesischen und koreanischen Einfluss hin, denn bei Japans älteren Schreinbauten wurden keine Farben verwendet. Dieser modifizierte Baustil, nach dem Kasuga Taisha in Nara *Kasuga-zukuri* genannt, diente bei vielen späteren Schreinen als Vorbild.

Taisha-zukuri

Shimmei-zukuri

Kasuga-zukuri

Anders als die schlichten Schreinbauten des heimischen Shintoismus war die vom Festland übernommene buddhistische Tempelarchitektur zunächst auf monumentale Prachtentfaltung angelegt. Erst später entwickelten sich unter dem Einfluss des asketischen *Zen*-Buddhismus schlichtere Gegenströmungen. Dreistöckige, später fünfstöckige Pagoden fügten – ähnlich wie Kirchtürme oder Minaretts – ein in die Höhe strebendes Element hinzu. Schrein- und Tempelbau verschmelzen im Mischstil des *Gongen-zukuri,* dessen Glanzstück der Tōshō-gū in Nikkō ist. Die meisten alten Tempel finden sich in und um Kyōto und Nara. Japans ältester Tempel – und einer der ältesten Holzbauten der Welt – ist der Horyū-ji in Nara.

Buddhistische Architektur

Gongen-zukuri

Die Burgen, die sich Japans Fürsten im 16. und 17. Jahrhundert erbauen ließen, sind verschachtelt und überladen mit Giebeln und Türmen. Die meisten wur-

Burgen

den in Kriegen zerstört, andere während der Meiji-Zeit geschleift. Allerdings blieben die aus gewaltigen Steinquadern gefügten Festungswälle und die sie umgebenden Wassergräben oft erhalten. Nach dem Zweiten Weltkrieg wurden viele Burgen wieder aufgebaut. Die schönste der wenigen erhaltenen alten Burgen steht in Himeji.

Nachkriegsarchitektur

In der Nachkriegsarchitektur konkurrieren die Anhänger zweier Richtungen miteinander: *Yamada Mamoru* (Kampfsporthalle, Nippon Budōkan, in Tokyo, entworfen nach dem Vorbild des Horyū-Tempels in Nara) und *Iwamoto Hiroyuki* (Nationaltheater, Kokuritsu Gekijō in Tokyo, erbaut nach dem Shōsō-in in Nara) greifen auf traditionelle Bauformen zurück, während *Okada Shin'ichi* (Oberster Gerichtshof, Saikōsai, Tokyo), *Tange Kenzō* (Marienkathedrale, Olympiabauten, Neues Rathaus; alle in Tokyo) oder *Isozaki Arata* (Museen in Japan und Los Angeles, Sportpalast in Barcelona) mit modernen Stilmitteln experimentieren.

Armut

Japan gehört zu den reichsten Ländern der Erde, und das Gefälle zwischen hohen und niedrigen Einkommen ist geringer als in vielen anderen Industrieländern. Aber die wirtschaftliche Stagnation der 1990er Jahre hat erstmals seit der frühen Nachkriegszeit wieder richtige Armut aufkommen lassen. Ihr sichtbarer Ausdruck ist die starke Zunahme der Obdachlosen *(Hōmuresu,* vom englischen *homeless)* in den Städten. Im Sommer nächtigen sie in Parks oder an Uferanlagen von Flüssen und Kanälen, im Winter auf Luftschächten, in Bahnhöfen oder unter Brücken. Aus Pappkartons und blauen Plastiktüten basteln sie provisorische Behausungen, um sich vor Wind oder Kälte zu schützen oder den Blicken der

Obdachlose

Passanten zu entziehen. Die meisten scheuen davor zurück, die durchaus beachtlichen Leistungen der staatlichen Sozialfürsorge *(Seikatsu Hogo)* in Anspruch zu nehmen, weil sie nicht wollen, dass man in ihren Heimatorten von ihrer Lage erfährt. Betteln ist ebenfalls verpönt. Japans Obdachlose, überwiegend ehemalige Saisonarbeiter aus der Provinz, leben von dem, was in der großstädtischen Wohlstands- und Wegwerfgesellschaft abfällt. Die stagnierende Wirtschaft hat auch viele der illegalen Fremdarbeiter (▶Ausländer) in die Armut gestürzt. In relativ ärmlichen Verhältnissen leben auch die Angehörigen bestimmter diskriminierter Randgruppen.

Ablehnung der Sozialfürsorge

Die Armut der buddhistischen Bettelmönche *(Takuhatsu-sō)* ist religiös motiviert. Sie gehen mit Schale und Glocke von Haus zu Haus oder stellen sich an belebten Stellen auf und bitten um etwas Reis oder eine kleine Spende. Als Dank beten sie für Seele und Wohlergehen der Spender.

Bettelmönche

Ausländer

◀

»Gaijin da!« (»Ein Ausländer!«) Mit diesem Ruf aus Kindermund ist schon mancher Fremde begrüßt worden, der das Japan außerhalb der Ballungszentren kennen - lernen wollte. Auch werden ausländische Touristen oft gebeten, sich mit japanischen Reisegruppen oder Schulklassen ablichten zu lassen oder Autogramme zu geben. Selbst in Tokyo kann es passieren, dass Fremde offen angestarrt werden. Ausländer haben in Japan noch immer Seltenheitswert. Bei jährlich knapp vier Millionen ausländischen Besuchern – fast die Hälfte davon Touristen – und rund eineinhalb Millionen in Japan lebenden Ausländern mag das überraschen. Allerdings schenkt man solche Aufmerksamkeit nur Ameri-

Gaijin mit Seltenheitswert

kanern, Europäern oder Afrikanern. Selten werden andere Asiaten beäugt, es sei denn, sie tragen auffällige Kleidung.

USA und Europa als Vorbild

Die meisten der in Japan lebenden Ausländer stammen aus Asien. Sie sind allerdings oft gar nicht gemeint, wenn Japaner von *Gaijin* – der üblichen Kurzform von *Gaikokujin* – sprechen. Die unterschiedliche Einstellung lässt sich aus der Geschichte heraus erklären: Die europäischen Mächte und die USA dienten Japan bei seiner Modernisierung während der Meiji-Zeit (1868–1912) als Vorbild. Ältere Japaner haben nicht vergessen, dass Amerikaner und Briten, Deutsche und Franzosen, Holländer, Italiener, Spanier oder Portugiesen einst auf diesem oder jenem Gebiet Japans »Lehrmeister« gewesen waren. Man wollte mit den westlichen Industrienationen gleichziehen, ja sie möglichst übertreffen, um dem Schicksal der asiatischen Nachbarn zu entgehen, Kolonie westlicher Mächte zu werden. Umgekehrt hatte dies eine gewisse Verachtung für die anderen Asiaten zur Folge, weil sich diese der Macht der Amerikaner und Europäer nicht gewachsen zeigten.

Japan als Kolonialmacht

Japan schwang sich schließlich selbst zu einer imperialistischen Kolonialmacht auf, annektierte Taiwan und Korea und eroberte große Teile Chinas und Südostasiens. Dieser Überheblichkeit entzog erst die Kapitulation von 1945 den Boden. Japans Nachkriegsgeneration ist stark von Amerika geprägt. Der Wiederaufstieg Chinas hat jedoch neues Interesse an der Kultur des alten Reichs der Mitte geweckt, dem Japan so viel verdankt. Die wirtschaftlichen und politischen Erfolge Südkoreas und anderer Länder Asiens resultieren in der wachsenden Wertschätzung auch dieser Völker.

Unter den gemeldeten Ausländern, die nur 1 % der Bevölkerung ausmachen, bilden die Koreaner die größte Gruppe, gefolgt von Chinesen, Brasilianern, Filipinos und US-Amerikanern. In Japan leben rund 4000 Deutsche – *Doitsujin* oder höflich *Doitsu no Kata* genannt – gegenüber gut 22 000 in Deutschland wohnhaften Japanern. Es gibt auch etwa 270 000 ausländische Staatsangehörige, die nach Ablauf ihres Visums in Japan geblieben sind und ohne Arbeitserlaubnis einer Beschäftigung nachgehen. Sie kommen meist aus den asiatischen Nachbarländern (Filipinas z. B. arbeiten häufig als Haushaltshilfe, Thailänderinnen im Vergnügungsgewerbe), aus dem Nahen Osten (vor allem aus dem Iran) und aus Südamerika, wo einst Hunderttausende von japanischen Auswanderern eine neue Heimat gesucht haben: Die meisten »Gastarbeiter« aus Brasilien, Peru oder Kolumbien sind japanischer Abstammung, weshalb die Behörden beim Fehlen eines Arbeitsvisums oft ein Auge zudrücken. Chinesen, Vietnamesen oder andere Asiaten ohne gültige Arbeitserlaubnis werden ohne viel Federlesens abgeschoben, wenn man sie erwischt.

Doitsujin

Gastarbeiter

Badekultur

Wenn Japaner von der Arbeit oder einer Reise heimkehren, haben sie drei Wünsche: Baden, Essen und Schlafen – in dieser Reihenfolge. Das tägliche Bad *(O-Furo)* dient neben körperlicher Reinigung der Entspannung. Bis zum Hals im heißen Wasser zu sitzen gilt als bestes Mittel, um sich von den Strapazen des Tages zu erholen. Bevor man in die Wanne steigt, sollte man sich tunlichst waschen, um das Wasser für weitere Benutzer sauber zu halten. Dabei sitzt man auf einem Schemel und schöpft mit einem Holz- oder Plastikzuber Wasser aus der Wanne oder bedient sich einer Handdusche. Der Fußboden japanischer Badezimmer ist gekachelt

Reinigung und Entspannung

und senkt sich zu einem Abfluss hin. Dass dies nicht auf der ganzen Welt so ist, merken Japaner im Ausland manchmal erst, nachdem sie eine Überschwemmung angerichtet haben.

Öffentliches Badehaus

Wer zu Hause kein Bad hat, geht in ein öffentliches Badehaus *(Sentō)* – auch Treffpunkt für ein Schwätzchen unter Nachbarn. Bereits aus der Nara-Zeit (710–794) ist überliefert, dass die großen Tempel ihre Bäder den Armen öffneten. Japans erstes kommerzielles Badehaus wurde 1591 in Edo (Tokyo) eingeweiht. Seit dieser Zeit sind Badehäuser, für deren Benutzung man zahlen muss, fester Bestandteil des öffentlichen Lebens. Das Nacktbaden kam im 19. Jahrhundert auf. Eingänge und Waschräume der Badehäuser sind nach Geschlechtern getrennt, die Badebecken durch einen Lattenzaun oder feste Mauern abgeteilt. Abends schlurfen die Leute mit Plastikschüssel, Seife und Handtuch zum Sentō. Früher trug man seine Utensilien im *Furoshiki* (▶ Kleidung).

Ein Bad in einer heißen Quelle ist nationale Leidenschaft, Entspannung und höchster Genuss

Die beliebtesten Reiseziele der Japaner sind Badeorte mit heißen Quellen *(Onsen)*, die es dank der vulkanischen Gebirge fast überall im Lande gibt. Mehr als 2000 Onsen sind amtlich registriert. Schon die alten Göttersagen rühmen die heilende Wirkung der heißen Quellen. Doch viel mehr als die Kurbäder Europas waren Japans Badeorte seit alters Stätten der Erholung und des Vergnügens. Zu den höchsten Genüssen zählt ein heißes Bad im Freien *(Roten-buro)*, während ein Krug mit heißem Reiswein und leckere Häppchen auf einem Tablett im Wasser schwimmen.

Heiße Quellen

Begrüßung und Verabschiedung

»*Irasshai*« oder höflicher »*Irasshaimase*« (»Kommen Sie rein«) rufen die Angestellten, sobald Gäste oder Kunden ein Restaurant, Geschäft oder Büro betreten. Mit demselben Willkommensgruß oder einem »*Yoku irasshaimashita*« (»Schön, dass Sie gekommen sind«) empfangen Japaner auch privat ihre Gäste. Eifriges Verbeugen gehört dazu. Das persönliche, gesellschaftliche oder geschäftliche Verhältnis zueinander bestimmt die Tiefe der Verneigung: Viele Firmen – zum Beispiel Kaufhäuser – drillen ihr Personal, damit der Winkel auch stimmt. Selbst der Kaiser deutet beim Grüßen durch ein leichtes Kopfnicken eine Verbeugung an, während sich sein Gegenüber um mindestens 30 Grad verneigt, besonders Beflissene gar im rechten Winkel. Wenn sich traditionsbewusste Japaner auf *Tatami*-Boden (▶ Wohnen) kniend begrüßen, wiederholen sie die gegenseitigen Verbeugungen oft mehrfach. Die Reihenfolge richtet sich nach Rang oder Alter. Traditionell hat der Mann Vorrang. Oft begrüßen Männer und Frauen aber zuerst ihresgleichen. Die unterwürfigste Form des Grußes ist es niederzuknien, die Hände vor sich auszustrecken und

Traditionelle Verbeugung

mit der Stirn den Boden zu berühren. Besonders in *Yakuza*-Kreisen (▶Kriminalität) ist dies noch gang und gäbe. Der Händedruck ist nur im Umgang mit Amerikanern und Europäern üblich. Untereinander schütteln sich Japaner die Hände, wenn sie einem Sportler zum Sieg oder einem Politiker zur Wahl gratulieren.

Händedruck

Die tageszeitlichen Grußformeln lauten: *»O-hayō«* – höflicher *»O-hayō gozaimasu«* (»Guten Morgen«), *»Konnichi wa«* (»Guten Tag«), *»Komban wa«* (»Guten Abend«) und *»O-yasumi nasai«* (»Gute Nacht«). »Alles Gute« wünscht man mit *»Go-Kigen yō«*, älteren Leuten oder Kranken mit *»O-Genki de«*. *»O-daiji ni«* bedeutet so viel wie »Gute Besserung«. Unserem »Auf Wiedersehen« entspricht *»Sayōnara«;* vornehme Damen benutzen statt dessen auch *»Go-Kigen yō«*. Mit einem *»Itte kimasu«* (»Ich gehe und komme wieder«) auf den Lippen verlässt man Haus oder Betrieb, was Angehörige oder Kollegen mit einem *»Itte'rasshai«* (»Geh und komm wieder« bzw. »Gehen Sie und kommen Sie wieder«) oder *»Ki o tsukete«* (»Pass schön auf« bzw. »Seien Sie vorsichtig«) erwidern. Bei der Rückkehr lautet die Begrüßung *»O-kaeri nasai«* (»Komm heim« bzw. »Kommen Sie heim«).

Grußformeln

Begegnet man Bekannten auf der Straße, ist es höflicher, kurz stehen zu bleiben und sich zu verbeugen, als nur im Gehen zu grüßen.

▶ Beleidigungen

Das Japanische kennt nur wenige bösartige Schimpfwörter. Eine Beleidigung ist *Bakayarō* (Idiot), die gebräuchlichere Kurzform *Baka* ist schon sehr viel milder und entspricht etwa unserem »Dummkopf«, ebenso wie *Ahō*. *»Kono Yarō«* oder *»Kon'Chikushō«* heißt so viel wie »Du Schuft«. *Chikushō* (Viech, Bestie) ist – ähnlich wie *Kuso* (Mist) – ein Fluch ohne bestimmten Adressaten. Im Streit lässt der Japaner seinem Kontrahenten meist einen Ausweg offen. Hundertprozentig recht haben zu wollen würde dem anderen »das Gesicht nehmen« *(»Mentsu o yaburu«).* Wer sich mehr herausnimmt, als ihm nach gesellschaftlichem Status zukommt, wird sofort und unmissverständlich in seine Schranken gewiesen, wer aufbraust oder gar ausfällig wird, disqualifiziert sich selbst und wird nicht mehr ernst genommen.

Das Gesicht nehmen

Bestechung

Korruptionsskandale um Politiker füllen seit Jahren die Zeitungsspalten. Mittlerweile wurde auch der Glaube an die Ubestechlichkeit der Berufsbeamten zerstört. In den 1990er Jahren gerieten fast alle wichtigen Ministerien in Korruptionsverdacht – bis hin zum elitären Finanzministerium. Ein Grund für den Filz zwischen Wirtschaft und Bürokratie heißt *Ama-kudari,* »Herabsteigen vom Himmel«, die Unsitte, aus Spitzenämtern der Ministerien in lukrative Jobs in Privatunternehmen zu wechseln, für die man zuvor als Beamter zuständig war: Notorisch sind die allzu vertraulichen Beziehungen zwischen den mit der Bekämpfung des organisierten Verbrechens befassten Polizeibehörden im Gebiet Ōsaka/Kobe und der Unterwelt (Japans größtes Verbrechersyndikat, die *Yamaguchi-gumi,* hat seinen Hauptsitz in Kobe). Die Gangster, so heißt es, finanzieren einigen Polizeibeamten im Gegenzug für Hinweise auf geplante Polizeiaktionen den Besuch von Nachtlokalen. Aufgeflogen sind in Yokohama Beamte der Einwanderungsbehörde, die sich für Einladungen in Nachtklubs und Bordelle bedankten, indem sie Aufenthalts- und Arbeitsgenehmigungen für junge Frauen aus Südkorea,

Ama-kudari

Organisiertes Verbrechen

Taiwan und Südostasien ausstellten, die von Schleppern als »Unterhalterinnen« eingeschleust werden sollten. Immer wieder werden auch im Hochschulbereich Bestechungsfälle aufgedeckt, bei denen es um die Anschaffung teurer Geräte oder um das Bestehen oder gar Umgehen der schwierigen Aufnahmeprüfungen geht.

Hochschulbereich

Schmiergeldzahlungen an Politiker sind üblich, schwammige Vorschriften über »politische Spenden« ermuntern dazu. Praktisch alle Wirtschaftsverbände, fast alle größeren Unternehmen zahlen – und viele Politiker halten die Hand auf. Aber nur wenige gehen der Justiz ins Netz, denn strafbar wird die Sache höchstens, wenn die Empfänger der Gelder zum Minister aufsteigen und als Beamte auf Zeit wegen Bestechlichkeit belangt werden können. Eine nicht abreißende Kette politischer Korruptionsaffären durchzieht Japans Nachkriegsgeschichte. Bisheriger Höhepunkt war 1976 die Verhaftung des ehemaligen Ministerpräsidenten Tanaka Kakuei im so genannten Lockheed-Skandal: Tanaka wurde in erster und zweiter Instanz wegen Annahme von Schmiergeldern des amerikanischen Flugzeugherstellers in Millionenhöhe zu vier Jahren Haft verurteilt, starb aber, bevor der Oberste Gerichtshof über seine Revision entscheiden konnte. In den letzten Jahren beschäftigen Schmiergeldzahlungen an Kommunalpolitiker und Regierungsbeamte die Justiz. Staatssekretäre des Gesundheits- und Verteidigungsministeriums wurden wegen Bestechlichkeit verurteilt, ein früherer Bauminister wegen desselben Verdachts verhaftet.

Politische Korruption

Das Maß an Bestechlichkeit gerade in den oberen Gesellschaftsschichten lässt auf ein unterentwickeltes Unrechtsbewusstsein schließen. Es hängt aber auch mit dem Brauch zusammen, dass ein Japaner, der von je-

Geschenk oder Bestechung?

mandem etwas will, diesem ein ▶Geschenk macht. Und so sind es naturgemäß die Mächtigen, die man sich mit Geschenken gewogen machen will – die Grenzen zwischen Schenken und Bestechung sind fließend.

Bevölkerung

◀

Die Herkunft der Japaner ist umstritten. Wahrscheinlich sind die Ureinwohner des japanischen Archipels über drei Landrouten eingewandert, welche die Inseln während der letzten Eiszeit mit dem Festland verbanden: mit Sachalin und Sibirien im Norden, mit Korea und China im Westen sowie mit Okinawa und dem südostasiatischen Raum im Süden. Als dann die Gletscher schmolzen und die Landverbindungen unter den Meeresspiegel versanken, kamen Einwanderer auf dem Seeweg, vor allem Koreaner und Chinesen (etwa seit dem 4. Jh. n. Chr.). Alle diese frühen Einwanderer wurden assimiliert und sind heute Japaner. Die Homogenität des japanischen Volkes beruht also in erster Linie auf kultureller Integration, nicht auf »rassischer Reinheit«, wie manche unverbesserliche Nationalisten behaupten (▶Patriotismus). Die meisten der heute als ▶Ausländer in Japan lebenden Koreaner und Chinesen sind erst in diesem Jahrhundert nach Japan gekommen – großenteils als Zwangsarbeiter vor und während des Zweiten Weltkrieges – oder als deren Nachkommen in Japan geboren. Ihre Integration setzt erst langsam ein.

Ureinwohner

Koreaner und Chinesen

Nicht integriert, sondern jahrhundertelang bekämpft und fast ausgerottet wurden die *Ainu.* Ein Volk von Jägern und Fischern, bewohnten die vermutlich von Sibirien nach Japan eingewanderten Ainu ursprünglich große Teile der Hauptinsel Honshū, wurden aber allmählich nach Norden zurückgedrängt. Die planmäßige Erschließung der Nordinsel Hokkaidō seit

Ainu

dem 19. Jahrhundert beraubte die Ainu endgültig ihrer traditionellen Lebensgrundlagen. Heute gibt es dort nur noch wenige Ainu-Dörfer *(Kotan)*, deren Bewohner ihren Unterhalt mit folkloristischen Vorführungen und dem Verkauf von Souvenirs an Touristen verdienen. Etwa 25 000 Einwohner Hokkaidōs bezeichnen sich als Ainu, höchstens einige Hundert gelten noch als reinrassig. Wegen Einheirat in Nicht-Ainu-Familien und sinkender Geburtenrate ist ihre Existenz als ethnische Gruppe bedroht. Die japanische Regierung hat die Ainu erst 1987 als Minderheit anerkannt. Ainu-Organisationen bemühen sich seither, durch Kampagnen im Inland und Appelle an die Vereinten Nationen ihre rechtliche Stellung und wirtschaftliche Lage zu verbessern und das Aussterben ihres Volkes und seiner Kultur abzuwenden. U. a. wird versucht, die nur noch von wenigen Ainu rudimentär gesprochene Sprache wieder zu beleben. Unter den rund 126 Millionen Einwohnern Japans fallen die Ainu zahlenmäßig nicht mehr ins Gewicht.

Ainu-Organisationen

Die Bevölkerungspyramide Japans droht ins Ungleichgewicht zu geraten. Die Wachstumsrate sinkt seit 1973 kontinuierlich und lag im Frühjahr 2000 bei nur noch 0,17 Prozent. Die Folge ist eine ungewöhnlich rasche Alterung der Bevölkerung. Der Anteil der über 64-jährigen soll bis 2020 auf fast 25 % steigen. Japaner haben die höchste Lebenserwartung der Welt: 77 Jahre für Männer und 84 für Frauen.

Zunehmende Überalterung

▶ Bildung

Morgens oder am frühen Abend begegnet man auf Japans Straßen oft Horden uniformierter Schüler und Studenten. Die Schuluniformen – einst von den Europäern übernommen (▶ Kleidung) – sind ein Überbleibsel der Vorkriegszeit wie die kahl geschorenen Köpfe *(Maru-*

Schuluniformen

gari) bei den Jungen und die oft klösterlich strengen Kleiderordnungen für die Mädchen. Über Sinn und Unsinn dieser Gleichmacherei wird viel diskutiert. Immer mehr Teenies im Matrosenkittel wehren sich gegen vorgeschriebene Rocklängen und Haarschnitte, während die Jungen gegen die an zahlreichen Mittelschulen obligate Kahlköpfigkeit protestieren. Die Uniformen besonders angesehener Schulen und Universitäten werden aber oft mit Stolz getragen. Teure Privatschulen lassen ihren Einheitsdress von bekannten Modehäusern entwerfen; hier dient die Uniform als Werbeträger.

Rocklänge und Haarschnitt

Das Schulsystem wurde nach 1945 von den Besatzungsbehörden nach amerikanischem Muster umgestaltet. Der sechsjährigen Grundschule *(Shōgakkō)* folgen je drei Jahre Mittelschule *(Chūgakkō)* und Oberschule *(Kōtōgakkō)*. Die Schulpflicht beträgt neun Jahre und endet mit dem Abschluss der Mittelschule. Doch besuchen 97 % aller Mittelschulabgänger auf eigene Kosten anschließend die Oberschule. Fast alle Japaner gehen also zwölf Jahre zur Schule. Und fast die Hälfte der Oberschulabsolventen studieren an einer Uni *(Daigaku)*, »Kurzhochschule« *(Tanki Daigaku,* abgekürzt *Tandai)* oder Fachhochschule *(Senshū Gakkō)*. Das Normalstudium an der Universität dauert vier

Zeichenunterricht vor der Burg von Ōsaka

Jahre und schließt mit dem Grad eines Baccalaureus *(Gakushi)* ab. Wer seinen Magister *(Shūshi)* machen will, studiert mindestens zwei Jahre im »Magisterkurs« *(Daigaku-in)* weiter. Die Promotion zum Doktor *(Hakase)* dauert noch einmal zwei bis drei Jahre. Die zweijährige *Tandai* ist eine japanische Spezialität, die v. a. von Frauen besucht wird. Unter die Kategorie der *Senshū Gakkō* fallen weiterführende, berufsorientierte Schulen sehr unterschiedlicher Qualität mit meist zweijähriger Studiendauer. Sie erfreuen sich wachsender Beliebtheit. Etwa die Hälfte der Studenten sind hier Männer.

Weiterführende Schulen

Statistisch sind die Japaner eines der am höchsten gebildeten Völker der Welt. In der Realität ist das Bildungsniveau oft weniger beeindruckend. Der Grund: Zwar ist der Zugang zu den Bildungseinrichtungen durch Aufnahmeprüfungen reguliert, die Abschlussdiplome werden aber fast routinemäßig vergeben. Daher ist der normale Hochschulabschluss als Nachweis für besondere Kenntnisse auf dem Fachgebiet des jeweiligen Studienfachs weitgehend wertlos. Hochschulabgänger werden zumeist als Generalisten eingestellt, nicht als Spezialisten ihres Fachs. Es zählt nicht die Abschlusszensur, sondern der Briefkopf, auf dem sie geschrieben steht: je berühmter die Hochschule, desto größer die späteren Berufschancen. Der Sinn des Studiums selbst bleibt fragwürdig – es wird oft als »die längsten Ferien im Leben eines Japaners« verspottet.

Bildungsniveau

Hochschulabschluss

Die PISA-Studie hat manches bestätigt, was man vorher schon wusste: Japans Schüler sind Spitze in Mathematik und Naturwissenschaften, lernen und lesen aber selten aus eigenem Antrieb – außer Manga, die japanischen Comics (▶Medien). Trotzdem können sie Textvorgaben viel besser begreifen und umsetzen, als vor der Studie vermutet wurde. Mehr Raum für Kreati-

PISA-Studie

vität und Eigeninitiative soll die Einführung der Fünftagewoche an Grundschulen seit 2002 schaffen.

Auf allen Ebenen des Bildungswesens, vom Kindergarten bis zur Universität, existieren öffentliche und private Einrichtungen nebeneinander. Die meisten verlangen Gebühren. Selbst der Besuch öffentlicher Schulen ist nur für die Dauer der Schulpflicht gebührenfrei, doch sind die privaten Schulen und Universitäten wesentlich teurer. Hinzu kommen die Kosten für Nachhilfeunterricht in privaten Paukschulen *(Juku),* die neben Kindergarten und Schule besucht werden. Sie sollen die Kinder auf die vielen Aufnahmeprüfungen der berüchtigten japanischen »Examenshölle« vorbereiten. Sind Finanzkraft der Eltern und Energie der Kinder noch nicht erschöpft, lernen die Sprösslinge beim Privatlehrer obendrein ein Musikinstrument, einen Traditionssport (▶ Kampfsportarten) oder üben Kalligraphie. Derlei Hobbypflege heißt *Keikogoto* und ist auch unter Erwachsenen stark verbreitet (▶ Freizeit). Ehrgeizige Eltern planen die Laufbahn ihrer Kinder schon vom Babyalter an. Zuständig dafür ist in erster Linie die Mutter, die man *Kyōiku Mama,* Erziehungsmutti, nennt. Auf der Strecke bleiben dabei eine unbeschwerte Kindheit, die allmähliche Entfaltung der angeborenen Fähigkeiten und so manche Freundschaft.

Schulgebühren

Zusätzlicher Privatunterricht

Kyōiku Mama

Brauchtum und Riten

Im Lebensrhythmus der Reisbauern wurzeln viele alte Bräuche und Riten. Götter wurden angerufen, um Unheil abzuwenden oder für eine gute Ernte zu sorgen. War alles gut gegangen, dankte man ihnen, sonst betete man, dass es nicht noch schlimmer kommen möge. Die Modernisierung der Landwirtschaft und die Abwanderung der Landbevölkerung hat vielen Bräuchen

Ländliche Wurzeln

den Boden entzogen. Einige überlebten in Schrein- und Tempelfesten (▶ Feste), andere in den Riten am Kaiserhof (▶ Kaiserhaus). Religiöse Wurzeln sind Schintoismus und Buddhismus (▶ Religion). Erhalten hat sich der Brauch, vor dem Hausbau einen *Shintō*-Priester zu rufen, der den Boden weiht. Dieser *Jichin-sai* genannte Ritus entspricht unserer Grundsteinlegung. Das japanische Richtfest, *Mune-age,* wird ohne Priester gefeiert.

Jichin-sai

Ereignisse im Leben der Japaner, die besonders begangen werden, sind neben Geburt, ▶ Hochzeit und ▶ Tod der dritte, fünfte und siebte Geburtstag, das Erreichen der Volljährigkeit sowie bestimmte Geburtstage im Alter. Der christlichen Taufe vergleichbar ist der erste Schreinbesuch, *Miya-mairi:* Die Großmutter trägt das Neugeborene in Begleitung seiner Eltern zum Shintō-Schrein, wo ein Priester das Kind durch Gebet *(Norito)* in die Schreingemeinde aufnimmt und dem Schutz des örtlichen Shintō-Gottes *(Uji-gami)* anvertraut. Dabei kneift man das Baby, bis es schreit, damit der Gott das Kind auch »hört«. *Shichi-go-san* (Sieben-fünf-drei) heißt der Schreinbesuch am 15. November oder dem am nächsten liegenden Sonntag, wenn ein Kind drei, ein Junge fünf oder ein Mädchen sieben Jahre alt ist. Dazu begleiten die Eltern ihre im Kinderkimono festlich herausgeputzten Sprösslinge zum Schrein ihres örtlichen Schutzgottes oder zu einem besonders berühmten Shintō-Heiligtum, um für die Gesundheit ihres Nachwuchses zu beten. Kinder in diesem Alter galten früher als besonders gefährdet. Der 60. Geburtstag *(Kanreki)* wird groß gefeiert, weil er nach dem alten ▶ Kalender einen Zyklus aus fünfmal zwölf Jahren vollendet. Zum Zeichen dafür, dass nun ein neuer Lebenszyklus beginnt, trägt das Geburtstagskind eine rote Weste und Mütze, denn Rot gilt als Babyfarbe. Der 70. Geburtstag

Geburt

Shichi-go-san

Wichtige Geburtstage

heißt *Koki,* der 77. *Kiju,* der 88. *Beiju* und der 99. *Hakuju.* Sie werden ebenfalls gefeiert, andere Geburtstage Erwachsener dagegen kaum. Kinder erhalten zu Neujahr Geldgeschenke *(O-Toshidama).*

Schulabschluss

Schul- und Studienbeginn, Schul- und Hochschulabschluss werden sehr förmlich gefeiert. Ober- und Hochschulabsolventen geben häufig teure Partys in Hotels, wozu die jungen Frauen zur Freude der Hotelgäste gern im Festkimono erscheinen. Größere Firmen begrüßen neue Mitarbeiter mit einer Feierstunde. Wer das Ruhestandsalter (*Teinen,* ▶Arbeitsleben) erreicht hat, wird feierlich verabschiedet. Japaner neigen dazu, solche Anlässe förmlich und ziemlich aufwändig zu begehen.

Ruhestand

Bunraku

◀

Japanisches Puppentheater

Weder ein Spiel für Kinder noch ein Kinderspiel ist das japanische Puppentheater. Es entwickelte sich seit dem 17. Jahrhundert aus drei Elementen: der singenden Rezitation von *Jōruri*-Texten, der musikalischen Begleitung auf dreisaitigen *Shamisen* (▶Musik) und dem Puppenspiel. Eine *Bunraku*-Puppe, die etwa halb so groß wie ein Mensch ist, hängt nicht an Fäden, sondern wird von drei Puppenspielern mit den Händen bewegt. Mit der Linken hält der Hauptakteur seine Puppe *(Ningyō)* und bewegt ihre Augen, Augenlider, Augen-

brauen und Lippen, mit der rechten Hand den rechten Arm und die rechte Hand der Puppe. Ein Assistent ist zuständig für den linken Arm, ein zweiter für die Beine oder – bei den gewöhnlich beinlosen weiblichen Puppen – den unteren Teil des Kimonos. Kopf und Körper der beiden Assistenten sind unter schwarzen Kapuzenkitteln verborgen, während der Hauptspieler sich offen auf der Bühne zeigt.

Drei Puppenspieler für eine Puppe

Die frühen Bunraku-Texte waren historische Balladen oder unterhaltsame Schwänke. Später gewann die Liebesgeschichte der Prinzessin Jōruri so viel Popularität, dass ihr Name zum Gattungsbegriff der Bunraku-Literatur wurde. Seine klassische Hochform erreichte dieses Puppenspiel mit Chikamatsu Monzaemon (1653–1724), Japans Shakespeare, der fast hundert Stücke eigens für das Puppentheater schrieb, darunter das noch heute viel gespielte *»Sonezaki Shinjū«* (Doppelselbstmord in Sonezaki). Die Bezeichnung Bunraku geht auf die Puppenspielertruppe des 1810 gestorbenen Uemura Bunrakuken aus Awaji-shima zurück. Viele Bewohner von Awaji betrachten ihre Insel in der Inlandsee als Ursprungsort des Bunraku, einige Familien arbeiten seit Generationen als Puppenspieler und -hersteller.

Chikamatsu Monzaemon

Dichtung

Das Gedicht hat in Japan eine so große Tradition und Verbreitung, dass man die Japaner getrost als »Volk der Dichter« bezeichnen kann. Seit dem 9. Jahrhundet gibt es Dichterwettbewerbe, die oft vom Kaiser ausgeschrieben werden. Die Tradition der Herausgabe großer Gedichtsammlungen wurde inzwischen wieder belebt. Anfang 1994 nahm der Redaktionsausschuss für ein *Heisei Manyō-shū* seine Arbeit auf. *Heisei* ist die Regie-

Dichterwettbewerb

rungsdevise von Kaiser Akihito (▶Kalender), die Bezeichnung *Manyō-shū* bezieht sich auf die »Sammlung von 10 000 Blättern« aus dem 8. Jh., Japans älteste Gedichtsammlung; ihre *Tan-ka* sind Kurzgedichte, Fünfzeiler mit insgesamt 31 Silben in der Folge 5-7-5-7-7.

Spontane Dichtung

Im Vorwort der Sammlung *Kokin-shū* von 905 werden erstmals Form und Charakter des *Wa-ka* (japanisches Gedicht, im Gegensatz zum chinesischen *Kan-shi*) erörtert. Das Wa-ka soll spontane Schöpfung des Herzens sein und ein ausgewogenes Verhältnis von Wort und Inhalt haben. Im 12. Jahrhundert entwickelte sich das *Ren-ga* oder Kettengedicht. Mehrere Dichter schmiedeten abwechselnd Verse zu Ketten aus hundert oder gar tausend Gliedern. Dichteinheit waren die oberen drei oder die unteren zwei Zeilen des *Tan-ka* mit 17 (5-7-5) oder 14 (7-7) Silben. Eine humoristische Variante des Ren-ga begann gewöhnlich mit einem *Hokku* (Anfangsvers) genannten Vorspann. Formell ein Dreizeiler aus 17 (5-7-5) Silben, verselbständigte sich das Hokku allmählich. Ende des 19. Jahrhunderts prägte Masaoka Shiki (1867–1902) dafür den Begriff *Haiku.*

Kettengedicht

Volkssport Haiku

Haiku zu dichten, ist in Japan ein Volkssport, etwa so verbreitet wie Kreuzworträtselraten in Deutschland. Zahlreiche Haiku-Gruppen pflegen durch Versammlungen, Zeitschriften und Nachwuchsförderung diese dichterische Kleinkunstform. Haiku sind auch als Text für Kalligraphien beliebt (▶Malerei). Die Tageszeitung *Asahi Shimbun* mit einer Auflage von acht Millionen druckt täglich auf ihrer Titelseite ein Haiku nebst Erläuterungen ab. Das Haiku ist die einzige Dichtform Japans, der es gelungen ist, die Sprach- und Landesgrenzen zu überwinden. Haiku werden mittlerweile auch englisch, deutsch und in mehreren anderen Sprachen gedichtet.

Drogen

Der Handel mit Aufputschmitteln und Rauschgift ist die wichtigste Geldquelle japanischer Verbrechersyndikate (▶ Kriminalität). Doch ist die Lage weniger dramatisch als in Amerika oder Europa, denn es gibt nur wenige Drogentote. Die Japaner haben sich lange Zeit mit harmloseren Aufputschmitteln begnügt. Allerdings steigt allmählich auch der Konsum harter Drogen.

Aufputschmittel

Scharfe Kontrollen und eine konsequente Verfolgung aller Verstöße gegen die Drogengesetze ohne Ansehen der Person haben dafür gesorgt, dass das Problem in Japan noch nicht eskaliert ist. Schon in den 1950er Jahren wurde der Missbrauch von Aufputschmitteln hartnäckig bekämpft. In den 1960er und frühen 1970er Jahren gelang es, mit der Verhängung lebenslanger Haftstrafen für gewinnorientierten Heroinhandel und brutalen Entzugsmaßnahmen für zigtausende Heroinabhängiger diese gefährliche Rauschgiftsucht in Japan praktisch auszumerzen. Ähnlich konsequent begegnen die Behörden der neuen Drogenwelle der 1990er Jahre. Bezeichnend ist der Fall eines sehr bekannten japanischen Film- und Fernsehschauspielers. Der Mann war 1992 auf dem Flughafen von Honolulu mit einem Gramm Kokain und 9,5 Gramm Marihuana erwischt worden. Die Amerikaner verpassten ihm nur eine Geldstrafe von 1000 Dollar und schoben ihn nach Japan ab. Dort wurde er zu einer Haftstrafe von zweieinhalb Jahren auf Bewährung verurteilt.

Harte Drogengesetze

Konsequente Strafverfolgung

Ehe

Ob Frau oder Mann – fast alle Japaner wollen heiraten, wenn auch, ähnlich wie in Europa, immer später: Das durchschnittliche Heiratsalter der Männer liegt mittlerweile bei 28, das der Frauen bei 26 Jahren. Für beide

Geschlechter gilt die Gründung einer Familie als das wichtigste Ziel in ihrem Leben. Hat eine Frau von Mitte 20 oder ein Mann von etwa 30 Jahren noch keinen Partner gefunden, helfen Familie, Freunde, Kollegen und manchmal sogar Vorgesetzte bei der Suche nach einem passenden Gefährten fürs Leben. Denn ein Single-Dasein ist sowohl für eine Frau als auch für einen Mann fast undenkbar.

Heiratsalter

In der typischen japanischen Ehe leben die Partner eher nebeneinander als miteinander – spätestens dann, wenn sie Eltern werden. Gemeinsame Aktivitäten, ein Familienleben in unserem Sinn, gibt es kaum. Die Frau erzieht die Kinder und ist der Finanzminister der Familie – der selbst dem Brötchenverdiener ein Taschengeld zuteilt. Der Mann geht ganz in seinem Beruf auf. Wegen der oft weiten Arbeitswege verlässt er das Haus meist früh am Morgen. Und wenn er abends mit seinen Kollegen ausgeht – höhere Angestellte haben dafür ein eigenes Spesenkonto –, kommt er spät in der Nacht nach Hause. Seine Kinder bekommt er somit nur selten zu Gesicht.

Festgelegte Rollenverteilung

Dennoch gibt es weniger Scheidungen als bei uns. Auffällig ist allerdings die Zunahme der Auflösung von Ehen, die 20 Jahre oder länger bestanden haben, und das nicht selten auf Antrag der Frau: Wenn der Mann nach Beendigung seines Berufslebens plötzlich den ganzen Tag zu Hause ist, wird er von der Frau, die jahrzehntelang sich selbst überlassen war, oft als ein Störfaktor empfunden. Er ist, so lautet ein böses Wort, für sie zu »Sperrmüll« *(Sodai Gomi)* geworden. Viele Frauen, deren Kinder aus dem Gröbsten heraus sind, möchten den Rest ihres Lebens lieber unabhängig von einem Partner verbringen, mit dem sie ohnehin nicht mehr viel verbindet.

Scheidungen

Einkauf

Für Leute mit Geld ist Japan ein Einkaufsparadies. Das Angebot ist unerschöpflich, zumal in den Großstädten. Viele Geschäfte sind bis spätabends, die meisten auch am Wochenende geöffnet. Und wer etwas vergessen hat, kann rund um die Uhr in den so genannten *Kombini Stoa* (vom englischen »convenience store«) die nötigsten Dinge kaufen. Frühaufsteher müssen sich allerdings daran gewöhnen, dass nur wenige Läden vor 9 oder 10 Uhr aufmachen.

Kombini Stoa

Wer es eilig hat, sollte sich nicht gerade in ein Kaufhaus verirren. Denn ein *Depāto* (von »department store«) ist eine Stätte gehobener Kaufkultur, wo man in gepflegten Räumen mit Muße herumschaut, vielleicht eine Kunstausstellung besucht – manche Kaufhäuser unterhalten eigene Museen –, eine Kaffeepause einlegt oder in den Restaurants der Essetage zu Mittag speist. Auch der kleinste Einkauf wird sorgfältig verpackt. Das Einwickelpapier oder Tragetüten berühmter Kaufhäuser gelten in Japan als Gütesiegel.

Depāto

Überhaupt: Verpackung (▶Geschenke)! Umweltbewusste Ausländer sind oft fassungslos, wie verschwenderisch Japaner mit Verpackungsmaterial umgehen: Wickelt man eine Gebäckschachtel aus dem Papier, so ist gewöhnlich jeder Keks noch einmal einzeln eingetütet.

Verpackung

Beeindruckend ist das Angebot an Lebensmitteln aus aller Welt, sorgfältig ausgesucht und in kleinen Portionen offeriert. Ein Gang durch die Lebensmittelabteilung eines der großen Kaufhäuser ist ein Erlebnis. Preiswerter kauft man in den Supermärkten der großen Handelsketten, in branchenspezifischen Billigläden (zum Beispiel für Kameras, Fotozubehör, Computer) oder in bestimmten Stadtteilen (wie in Akihabara, Tokyos Elektro- und Elektronikviertel). Die Hausfrau deckt ihren täglichen Bedarf in der nahen *Shōten-gai,* der typischen Einkaufsstraße mit vielen kleinen Geschäften und einigen Supermärkten. In manchen Stadtvierteln gibt es, meist in Bahnhofsnähe, auch Lebensmittelmärkte, die Fisch und andere Meeresfrüchte, Gemüse, Fleisch oder Eier anbieten. Preise sind in Japan gewöhnlich Festpreise. Nur in Billigläden wird gehandelt. Manche Lebensmittelgeschäfte gewähren kurz vor Ladenschluss einen Nachlass auf Frischware.

Shōten-gai

Einkommen

Neun von zehn Japanern zählen sich zum Mittelstand. Grundlage dieser Selbsteinschätzung sind der hohe Bildungsstandard (▶Bildung) und ein im Vergleich zu einigen anderen Industrieländern niedriges Gefälle bei den Einkommen aus Berufstätigkeit. Tatsächlich liegen die Durchschnittsgehälter über den deutschen, und die Steuerbelastung der mittleren Einkommen ist geringer. Dafür sind die Lebenshaltungskosten höher, und Japaner müssen viele Leistungen selbst bezahlen, für die bei uns die Allgemeinheit aufkommt, etwa Schul- und Studiengebühren (▶Bildung). Unterm Strich können sie sich daher weniger leisten als Deutsche mit vergleichbarem Einkommen. Doch wohnen mehr Japaner als Deutsche in den eigenen vier Wänden (▶Wohnen), auch wenn die Wohnqualität viel zu wünschen übrig lässt.

Lebenshaltungskosten

Neben dem Heer der Durchschnittsverdiener gibt es natürlich auch Großverdiener. Die Finanzämter veröffentlichen alljährlich eine Liste derer, die im abgelaufenen Jahr zu mindestens 10 Millionen Yen Einkommenssteuer veranlagt wurden. Etwa 1,5 % aller Japaner, die eine Steuererklärung abgeben – und das tun rund 7 %

Öffentliche Liste des Finanzamtes

– landen auf dieser Liste, auf deren Veröffentlichung die Bevölkerung stets mit Spannung wartet: Wie haben die Spitzensportler, Starschauspieler, Schlagersänger, prominenten Politiker oder Erfolgsautoren diesmal abgeschnitten? Ein Großteil der Spitzenverdiener macht sein Geld mit Grundstücksverkäufen, auch Börsengewinne sind nicht selten.

Spitzenverdiener

Erdbeben

Morgens um 5.46 Uhr am 17. Januar 1995 bebte in Kobe und Umgebung die Erde. Hochhäuser brachen in sich zusammen, Bahnkörper barsten wie Spielzeug, die Hochstraße kippte weg, Wohnhäuser und Tempel wurden von ihren schweren Dächern platt gedrückt. Überall brachen Feuer aus. Die schreckliche Bilanz: über 6400 Tote, mehr als 200 000 Obdachlose, große Teile der westjapanischen Hafenstadt und ihrer Nachbarorte bis hin zur Insel Awaji zerstört. Die Rettungsarbeiten liefen nur langsam an, die Regierung reagierte spät und ziemlich hilflos, die örtlichen Behörden waren auf ein Erdbeben nicht vorbereitet.

Kobe 1995

Es war das schwerste Beben seit der größten Erdbebenkatastrophe der Japanischen Geschichte am 1. September 1923, die Tokyo und weite Teile der nahen Hafenstadt Yokohama in Schutt und Asche legte. Die meisten der rund 145 000 Opfer kamen in ihren brennenden Häusern um.

Tokyo 1923

Wenn es heute auch nicht mehr allzu viele Holzhäuser in Tokyo gibt und die seit 1981 gebauten Hochhäuser angeblich erdbebensicher sind, Brennbares und Explosives bietet die Acht-Millionen-Stadt in Hülle und Fülle: Gasleitungen, Tankstellen, Chemielager, Warenbestände und Einrichtungen aller Art. Die andere Gefahr wäre eine Flutwelle *(Tsunami)*. Weite Teile Tokyos

Andauernde Gefahr

bestehen aus aufgeschüttetem Land, das dem Pazifik abgetrotzt wurde. Wer sich dort aufhält, wenn eine Flutwelle kommt, hat nur geringe Überlebenschancen. Allein das Verkehrschaos auf den schon zu normalen Zeiten verstopften Straßen würde ein rechtzeitiges Entkommen unmöglich machen.

Tsunami

Niemand weiß, wann sich wieder ein *Jishin* (Erdbeben) ereignet. Vielleicht morgen schon oder erst in hundert Jahren. Die Erdkruste im Umfeld Japans weist bedrohliche Verwerfungen auf. Mehrere Erdplatten stoßen hier gefährlich aneinander. Und einer der vielen aktiven oder nur vorübergehend schlummernden Vulkane kann jederzeit ausbrechen. Von Zeit zu Zeit wird man durch kleinere Beben aus dem Schlaf gerüttelt. Die Seismographen verzeichnen zudem eine Vielzahl sanfter Erdstöße, die der Mensch gar nicht spürt. Schon im Kindergarten lernen Japaner, bei Erdbeben schnell unter Tische zu kriechen, um sich vor herabfallenden Gegenständen zu schützen. Gasflammen und Heizöfen sollen schleunigst abgestellt werden. Haushalten wird empfohlen, Rucksäcke mit Notvorräten bereitzuhalten. Manche tun's auch.

Tektonisch aktive Zone

Essen und Trinken

Die Wörter für gekochten Reis – *Meshi* oder höflich *Go-Han* – können bezeichnenderweise auch Mahlzeit bedeuten. Reis in vielen Varianten ist die Basis der japanischen Küche: allein oder mit verschiedenen Gemüsen im Wasser gedämpft, mit Tee übergossen oder fast flüssig gekocht als Diät für empfindliche Mägen. Bis zur Edo-Zeit war Reis Zahlungsmittel im Handel, auch Steuerschulden wurden damit beglichen.

Reis

In den Beilagen, die zum Reis serviert werden, spiegelt sich die natürliche Umgebung: Viel Fisch und Meeresfrüchte aller Art – von Algen und Muscheln bis zu Garnelen und Krebsen –, vielerlei Gemüse, roh, gekocht und eingelegt, sowie Sojabohnenprodukte wie das Standardgewürz *O-Shōyu* (Sojasauce), *Miso,* eine fermentierte Paste, aus der Suppe zubereitet wird, und *Tōfu* bestimmen den Speiseplan. Hühner- und Schweinefleisch werden auch viel gegessen, Rindfleisch ist teurer; das zart mit Fett marmorierte Fleisch der Kobe-Rinder gilt in Japan als ein großer Luxus. Japanische Speisen sind nicht nur leicht bekömmlich und abwechslungsreich, sondern auch eine Augenweide. Die möglichst frischen und nur knapp gegarten oder rohen Zutaten werden auf vielen Tellerchen und Schälchen serviert. Jeder nimmt sich, wonach ihm der Sinn steht, wobei gewöhnlich zuerst nach den warmen Speisen gegriffen wird.

Bekömmlich und schön fürs Auge

Traditionell bestehen alle drei Mahlzeiten aus Reis, Miso-Suppe und Beilagen. Frühstück und Abendessen waren die Hauptmahlzeiten. Heute frühstücken viele Familien westlich. Für mittags können Ehemann und Kinder ein *O-Bentō* mitnehmen oder unterwegs kaufen. In Bentō-Schachteln aus Plastik oder Aluminium werden auf einem Reisbett Gemüse-, Fleisch- oder Fischhappen dekorativ arrangiert. Viele Angestellte und Schulkinder essen in der Kantine. Das Abendessen wird zu Hause eingenommen, unter der Woche allerdings oft ohne den Hausherrn.

O-Bentō

Dem Nachtschwärmer bietet Japan Restaurants jeglicher Provenienz und eine Vielzahl von Schnellimbissen. Hier bilden Nudeln einen festen Bestandteil der Speisekarte. Eine Schüssel dünner chinesischer *Rāmen,* dicker japanischer Weizennudeln, *Udon,* oder bräunlicher Buchweizennudeln, *Soba,* in Brühe mit etwas Fleisch, Gemüse oder einem Ei, bekommt man schon

Nudelvielfalt

für etwa zehn Mark. Ebenfalls als Imbiss beliebt sind gegrillte Hühnerspießchen, *Yaki-tori*. *Sushi*-Bars gibt es mittlerweile auch in vielen europäischen Städten. An einer Theke sitzend, kann man zusehen, wie Köche mit der Präzision von Akrobaten fangfrischen Fisch in mundgerechte Scheiben, *Sashimi*, schneiden oder für Sushi gesäuerten Klebreis mit Fisch- oder Muschelscheiben belegen und in Seetang *(Nori)* einwickeln. Als Würze dienen Sojasoße und scharfer, grünlicher Meerrettich *(Wasabi)*.

Sushi

Sashimi

Zu den Delikatessen der japanischen Küche zählen Aal *(Unagi)*, der gegrillt oder gedämpft wird, und Rindfleischgerichte wie Steak, auf einer Eisenplatte gegrilltes *Teppan-yaki*, das in der Pfanne gebrutzelte und zur Geschmacksabrundung in rohes Ei getauchte *Suki-yaki* oder in der Brühe gegartes *Shabushabu*. Berühmt und berüchtigt ist der Kugelfisch *Fugu*. Sollte beim Ausnehmen der Leber nur ein Tropfen des darin enthaltenen Gifts mit dem übrigen Fisch in Berührung gekommen sein, war es die letzte Mahlzeit für den Genießer. Ursprünglich Importgerichte, aber längst japanisiert, sind *Tempura*, in Teig ausgebackene Meeresfrüchte und Gemüsestückchen, die der Küche Portugals entstammen, und *Karē-raisu* (vom englischen »curry rice«), das für Kinder und Studenten die gleiche Rolle spielt

Eine Schüssel Nudeln in heißer Kraftbrühe schmeckt immer und ist an jeder Ecke zu haben

wie hier die Spaghetti. Um den Gästen die Qual der Wahl zu erleichtern, stehen in den Schaufenstern vieler Lokale täuschend echt aussehende Plastikattrappen aller angebotenen Speisen und Getränke – für ausländische Besucher eine große Hilfe.

Zu fast allen Mahlzeiten trinkt man *O-Cha,* Tee. Darunter wird in Japan meist der grüne Tee oder eine seiner Varianten verstanden: *Sen-cha,* der einfachere *Ban-cha,* der edle *Gyokuro* oder der braun geräucherte und weitgehend teeinfreie *Hōji-cha.* Unseren schwarzen Tee nennen die Japaner dagegen *Kō-cha,* roten Tee. Zur Unterscheidung von Kōcha wird grüner Tee auch *Nihon-cha* (Japan-Tee) genannt. Bei der ▶Teezeremonie verwendet man pulverisierten *Mat-cha.* Als Kaltgetränk beliebt sind *Mugi-cha* aus Gerste und chinesischer *Oolong-cha.* Mit Ausnahme des Gerstenaufgusses basieren alle diese Teesorten auf den Blättern desselben Teestrauchs. Sie unterscheiden sich nur in der Verarbeitung der Blätter.

Tee

Japaner sind große Bier- *(Bīru)* und Whisky-Trinker. Whisky mit Wasser verdünnt heißt *Mizu-wari.* Auch Wein erfreut sich wachsender Beliebtheit, ist aber ziemlich teuer. Populärstes einheimisches Alkoholgetränk ist *Sake,* Reiswein. Er wurde früher vor jedem Fest frisch gebraut, wobei junge Frauen die Körner im Munde zerkauten und in Gärbottiche spuckten. Heute wird die Gärung durch den Zusatz von Hefe erreicht. Sake wird warm – auf rund 50 Grad erhitzt – oder gekühlt getrunken. Sein Alkoholgehalt entspricht etwa dem von Wein. Das japanische Äquivalent zum Schnaps ist der aus Getreide, Kartoffeln oder Rohzucker gebrannte *Shōchū,* der mit Wasser verdünnt oder pur getrunken wird. Als sein Ursprungsgebiet gilt die südliche Inselprovinz Okinawa, wo das Getränk *Awamori* heißt.

Alkoholische Getränke

Familie

Der Mittelpunkt der Familie ist die Mutter. Sie kümmert sich um die Erziehung der Kinder und verwaltet das Geld, während der Mann ganz im Beruf aufgeht und auch nach der Arbeit oft mehr Zeit mit Kollegen oder Kunden verbringt als mit seiner Familie (▶ Ehe). Die ▶ Kinder sehen ihren Vater meist nur am Wochenende und sind daher ganz auf die Mama fixiert. Die Mütter opfern sich für ihre Kleinen auf, sie sind es aber auch, die später streng darauf achten, dass ihre Sprösslinge in der Schule gut vorankommen (▶ Bildung). Die väterliche Autorität gilt nicht mehr viel. Auch wenn die Kinder erwachsen sind und selbst heiraten, bleibt die Bindung an die Mutter sehr stark – nicht selten ist sie sogar enger als die Beziehung zum Ehepartner, besonders bei Männern.

Kindererziehung

Die typische Familie besteht aus einem Ehepaar mit ein bis zwei Kindern. Nur in jedem zehnten Haushalt leben noch drei Generationen unter einem Dach. Aber fast zwei Drittel – in Tokyo gut die Hälfte – aller Senioren wohnen mit einem ihrer Kinder zusammen. Viele Alte leben auf demselben Grundstück wie ihre Kinder. So wachsen die meisten Kinder noch nahe bei den Großeltern auf. Hier hat sich ein Stück der alten Großfamilie erhalten.

Typische Familie

Das Familien- und Erbrecht wurde in der Nachkriegszeit weitgehend den amerikanisch-europäischen Verhältnissen angeglichen. Doch sind Adoptionen häufiger und leichter möglich als bei uns, etwa zur Erhaltung des Familiennamens. Da der Adoptierende nicht kinderlos sein muss, können auch Schwiegersöhne adoptiert werden. Die großzügige Adoptionspraxis und ihr Gegenstück, die Weggabe eines von mehreren Kindern, sind Ausdruck des alten Familienkonzeptes, bei

Weit verbreitete Adoption

dem Blutsverwandtschaft weniger zählte als die Zugehörigkeit zum selben Haushalt *(Ie).* Deshalb verloren auch Töchter früher mit der Heirat die rechtliche Zugehörigkeit zu ihrem Elternhaus.

Feste und Feiertage

108 Glockenschläge leiten das wichtigste Fest des Jahres ein: *O-Shōgatsu,* Neujahr, wird drei Tage lang gefeiert. Bis kurz vor Silvester *(Ōmisoka)* werden die letzten Geschäfte abgewickelt, wird der Arbeitsplatz aufgeräumt, das Haus geputzt, eingekauft, werden Neujahrsgrüße *(Nengajō)* geschrieben und *Kadomatsu* (Torkiefern) als Neujahrsschmuck zu beiden Seiten der Haus- oder Wohnungstür aufgestellt, Gebinde aus Kiefernzweigen, Bambus und Pflaumenblüten. Kilometerweit ist gegen Mitternacht der Klang der Tempelglocken zu hören, sie sollen die 108 Begierden des Menschen oder die 108 Übel des abgelaufenen Jahres vertreiben. Wenn der letzte Schlag ertönt, beginnt das neue Jahr, und Millionen von Menschen strömen zum *Hatsumōde* (ersten Besuch im neuen Jahr) in die Tempel und Schreine, um von den Göttern Glück und Segen zu erbitten. Auf dem Wege essen sie vielleicht eine Portion *Toshikoshi-soba* (Jahreswechselnudeln). Den Neujahrstag, *Ganjitsu,* verbringt man gewöhnlich im Kreis der Familie, isst *O-Zōni* (Zusammengekochtes) – eine traditionelle Neujahrssuppe mit *O-Mochi,* Klößen aus gestampftem Reis, und vielerlei Gemüse – oder andere Festtagsgerichte *(O-Sechi Ryōri).* Wer nicht schon in der Neujahrsnacht einen Tempel oder Schrein besucht hat, holt dies an einem der drei Neujahrstage nach, an denen ganz Japan auf den Beinen zu sein scheint. In dieser Zeit kann man mehr festliche Kimonos bewundern als im ganzen übrigen Jahr. Kinder bekommen zu Neujahr

Neujahr

Neujahrsessen

von Eltern und Verwandten, von Nachbarn oder Freunden Geldgeschenke. Diese *O-Toshidama* (Jahresjuwelen) addieren sich oft zu Hunderten von Mark. Am 2. Januar zeigt sich die kaiserliche Familie dem Volk. Von der Veranda des Palasts aus spricht der Tenno, durch Panzerglas geschützt, ein paar Grußworte zu den Besuchern. Für normale Sterbliche ist das eine von zwei Gelegenheiten im Jahr – die andere ist Kaisers Geburtstag –, bis zum Kaiserpalast vorgelassen zu werden. Am 4. Januar beginnt dann wieder der Alltag, doch gibt es in den ersten Januarwochen reichlich Gelegenheit, auf einer *Shinnen-kai* (Neujahrsparty) weiterzufeiern.

Neujahrsgrüße des Kaisers

Wer im abgelaufenen Jahr zwanzig Jahre alt und somit nach japanischem Recht volljährig geworden ist, erhält vom zuständigen Rathaus eine Einladung zu einer Mündigkeitsfeier am 15. Januar. Als *Seijin no Hi* (Tag der Erwachsenen) ist dies ein öffentlicher Feiertag. Übrigens – fallen öffentliche Feiertage auf einen Sonntag, ist in Japan automatisch der folgende Montag frei.

Tag der Erwachsenen

Der Frühlingsanfang wird schon am 4. Februar als *Setsubun* (Jahreszeitenwechsel) gefeiert. In den großen Tempeln werfen bekannte Sportler oder Schauspieler, die unter dem Tierkreiszeichen des neuen Jahres geboren sind *(Toshi-otoko),* geröstete Bohnen unters Publikum. Dabei rufen sie *»Fuku wa uchi! Oni wa soto!«* (»Glück herein! Teufel raus!«). Unserem Frühlingsanfang, der Tag- und Nachtgleiche im März, entspricht in Japan der *Shumbun no Hi* (Tag der Frühlingsmitte). Am 11. Februar, dem *Kenkoku Kinen-bi* (Gedenktag der Landesgründung), wird der mythologischen Gründung Japans durch den legendären Kaiser Jimmu (▶Kaiserhaus) gedacht.

Frühlingsfeste

Als *Hina-matsuri* (Puppenfest) wird der 3. März gefeiert. Für die kleinen Mädchen werden kunstvolle

Puppen in der guten Stube arrangiert: Auf der obersten Stufe des treppenförmigen Puppenstands thronen Nachbildungen des Kaiserpaars in Seidenbrokatgewändern vor einem mit Goldpapier bespannten Wandschirm. Darunter stehen oder sitzen die Minister, Kammerherren, Zofen und Hofmusikanten. Zierliche Leuchter (mit Elektrobirnen), Vasen mit Pfirsichblütenzweigen, Holzschachteln und Lackschüsseln mit Süßigkeiten sind um die Puppen gruppiert.

Puppenfest für Mädchen

Was den Mädchen das Hina-matsuri, ist für die Knaben der *Kodomo no Hi* (Tag des Kindes) am 5. Mai. Miniaturnachbildungen einer Samurai-Rüstung mit Schwert, Helm, Brustpanzer, Pfeil und Bogen schmücken das Heim, dazu gesellen sich Nachbildungen berühmter japanischer Helden. Statt historischer Figuren darf es auch *Momotarō* (Pfirsich-Tarō) sein, Japans berühmteste Märchengestalt. Für alle sichtbar flattern *Koinobori* über dem Hausdach oder an einer hohen Bambusstange im Garten, bunte Windsäcke in Karpfenform, so viele, wie es Jungen in der Familie gibt. Karpfen gelten als zielstrebig und langlebig.

Tag des Kindes für Knaben

Am 8. April feiern die Buddhisten den Geburtstag Buddhas. Am 29. April folgt der *Midori no Hi* (Grüner Tag). Unter diesem Namen bleibt der Geburtstag des 1989 verstorbenen Kaisers Hirohito als Feiertag erhalten. Am 3. Mai gedenkt das Land mit dem *Kempō Kinen-bi* des Inkrafttretens der Nachkriegsverfassung. Die Feiertage Ende April/Anfang Mai werden aufgefüllt: Während der »Goldenen Woche« *(Ōgon Shūkan),* kurz GW genannt, ist halb Japan auf Reisen.

Goldene Woche

Gion-matsuri

Eines der großen Volksfeste ist das *Gion-matsuri* in Kyōto. Sein Höhepunkt ist ein Umzug am 17. Juli, bei dem kostbare Schreine und haushohe Zierwagen mit quietschenden Riesenrädern und schwankenden Masten auf hutförmigen Dächern zu den Klängen von Flöten, Gongs und Trommeln durch die Stadt getragen oder gezogen werden. Wegen der prächtigen Dekorationen aus Bambuszweigen mit bunten Papierstreifen ist das vom 6. bis 8. August gefeierte *Tanabata-matsuri* von Sendai berühmt. In anderen Teilen Japans wird Tanabata bereits am 7. Juli begangen.

Der 15. August ist *Shūsen Kinen-bi* (Kriegsende-Gedenktag). Am 15. August 1945 hatte der Kaiser in einer Rundfunkansprache sein Volk zur Kapitulation aufgefordert, formell wurde der Krieg aber erst am 2. September beendet. Mitte August – in manchen Landesteilen Mitte Juli – kehren viele Großstadtbewohner aus Anlass des buddhistischen Totenfests, *O-Bon,* zu den Gräbern der Vorfahren in ihre Heimatdörfer zurück. Zu O-Bon sollen die Seelen der Toten die Häuser ihrer Nachkommen besuchen, wo sie mit kleinen Feuern begrüßt und verabschiedet werden, mancherorts auch mit schwimmenden Lampions. In den Tempeln tanzen die Besucher *Bon-odori* als Volkstanz. Daraus hat sich in Tokushima auf der Insel Shikoku ein Volksfest mit Tausenden von Tänzern entwickelt: *Awa-odori* (Awa-Tanz).

O-Bon

Wer im Laufe des Jahres 100 Jahre alt wird, erhält am 15. September eine Glückwunschkarte des Ministerpräsidenten und einen Silberbecher. Städte und Dörfer feiern an diesem *Keirō no Hi* (Tag zur Ehrung des Alters) ihre alten Mitbürger. Die herbstliche Tag- und Nachtgleiche im September heißt *Shūbun no Hi* (Tag der Herbstmitte). An diesem Tag besucht man die Familiengräber.

Tag zur Ehrung des Alters

Der Tag des Sports, *Taiiku no Hi,* am 10. Oktober soll an die Eröffnung der Olympischen Spiele von 1964 in Tokyo erinnern. Am 3. November, dem *Bunka no Hi* (Tag der Kultur), veröffentlicht die Regierung die Namen verdienter Bürger, die höchsten Orden werden später in Anwesenheit des Kaisers im Palast verliehen. Am 15. November gehen Eltern mit Kindern im Alter von drei, fünf oder sieben Jahren zum Schrein, um Glück und Segen für ihre Kleinen zu erbitten. Das Fest heißt *Shichi-go-san* (Sieben-fünf-drei). Der 23. November ist *Kinrō Kansha no Hi* (Arbeitsdanktag) und – anders als der 1. Mai – ein Feiertag.

Weihnachten

Ab Anfang Dezember sind Weihnachtslieder und -dekorationen allgegenwärtig. Weihnachten ist aber kein öffentlicher Feiertag. Japan hat schließlich nur 1,5 Millionen Christen. Feiertag ist jedoch der 23. Dezember: Der Kaiser hat Geburtstag *(Tennō Tanjō-bi)*. Im Dezember verabschiedet man das alte Jahr mit feuchtfröhlichen Vergiss-das-Jahr-Partys: *Bōnen-kai.*

Geburtstag des Kaisers

▶ Film

Wer sie nicht gesehen hat, kennt wenigstens die Titel: *»Rashō-mon«* und *»Die sieben Samurai«* (Shichinin no Samurai). Die beiden Filme von *Kurosawa Akira* (geb. 1910) haben Japans Kinokunst im Ausland bekannt und Hauptdarsteller Mifune Toshirō (1920–1997) zum Weltstar gemacht. *»Rashō-mon«,* 1951 beim Filmfestival in Venedig mit dem Goldenen Löwen ausgezeichnet, war in seiner Heimat aber kein Renner. Mit *»Die sieben Samurai«* erhob Kurosawa 1954 die populären *Chambara*-Filme – Japans Gegenstück zum Western, bei denen Schwertkämpfe die Rolle der Colt-Duelle übernehmen – zur Kunstform. Zum 50-jährigen Berufsjubiläum stellte er 1993 seinen 30. Kinofilm vor.

Kurosawa Akira

Mizoguchi Kenji

Mehr als 80 Filme umfasst das Lebenswerk von *Mizoguchi Kenji* (1898–1956), dem Altmeister des japanischen Films. Sein Hauptthema waren Frauen, die sich für Männer aufopferten. Einer seiner größten Filme ist

»Ugetsu-monogatari« (»Erzählungen unter dem Regenmond«, 1953). Der dritte im Bunde der international gefeierten Regisseure Japans ist *Ozu Yasujirō* (1903 bis 1963). Den Stoff für seine Filme fand er in der Familie – die Beziehungen zwischen ihren Mitgliedern und deren Reaktion auf Einwirkungen von außen. Die begrenzte Thematik erleichtert ausländischen Zuschauern den Zugang zu Ozus 53 Filmen, die ruhige Kameraführung und schlichte Ästhetik lassen sie ihnen besonders »japanisch« erscheinen. Bei uns gelangte besonders *»Tokyo-monogatari«* (»Die Reise nach Tokyo«, 1953) zu Ruhm.

Ozu Yasujirō

Kriegsfilme machten *Ichikawa Kon* (Jahrgang 1915) im Ausland bekannt. Weltruhm erntete er mit dem Familienepos *»Sasameyuki«* (»Die Töchter des Hauses Makioka«, 1985). Japan und der Zweite Weltkrieg ist auch ein großes Thema von *Kobayashi Masaki* (Jahrgang 1916). Die Filmtrilogie *»Ningen no Jōken«* (»Barfuß durch die Hölle«, 1959–1961) wurde weltweit bekannt. Sein größter Auslandserfolg war *»Harakiri«* (1962). Den Selbstbehauptungswillen der Frau behandeln *Imamura Shōhei* (geb. 1926) in *»Nippon Konchūki«* (»Das Insektenweib«, 1963) und *Teshigahara Hiroshi* (geb. 1927) in *»Suna no Onna«* (»Die Frau in den Dünen«, 1964). *Ōshima Nagisa* (Jahrgang 1932) machte sich in den 1960er Jahren als linker Rebell gegen Japans Kommerzkino einen Namen. Im Ausland wurde er vor allem durch seine brutal-direkte Behandlung der Sexualität in *»Ai no Korida«* (»Im Reich der Sinne«, 1976) bekannt.

Ichikawa Kon

Kobayashi Masaki

Ōshima Nagisa

1969 startete *Yamada Yōji* (Jahrgang 1931) mit seiner Filmserie *»Otoko wa tsurai yo«* (»Es ist schwer, ein Mann zu sein«). Sie endete erst mit dem Tod von Atsumi Kiyoshi, der den tragisch-komischen Helden Tora-

Yamada Yōji

san spielte – nach 48 Folgen! Seit den 1980er Jahren machte sich *Itami Jūzō* (Jahrgang 1933) mit gesellschaftskritischen Satiren im In- und Ausland einen Namen. Bereits sein erster Kinofilm *»O-Sōshiki«* (»Die Trauerfeier«, 1984) war ein Erfolg. Die meisten seiner weiteren Produktionen kamen ebenfalls gut an. *»Mimbō no Onna«* (1992), ein wenig schmeichelhafter Blick auf die in vielen *Yakuza-Streifen* romantisch verklärten Unterweltsyndikate, trug Itami einen Überfall messerstechender Gangster ein, die ihn im Gesicht verletzten. 1997 nahm er sich das Leben.

Itami Jūzō

Japans neue Kassenschlager sind abendfüllende Zeichentrickfilme wie *»Mononoke-hime«* (»Prinzessin Mononoke«, 1997) von Miyazaki Hayao (geb.1941).

Zeichentrickfilme

Fotografieren

Der japanische Tourist mit Brille und Kamera ist geradezu zur Karikatur geworden. Tatsächlich fotografieren Japaner wie kaum ein anderes Volk auf der Welt. Das Erinnerungsfoto von jedem Fest, jeder Feier, jedem Ausflug ist unverzichtbar. Dazu stellt man sich ordentlich auf, so dass jeder gut zu sehen ist, und blickt gefasst und möglichst freundlich in die Kamera. Die Fotografie ist schon kurz nach ihrer Erfindung im Westen nach Japan gelangt und hat dort begeisterte Aufnahme gefunden. Fotografieren ist ein Vergnügen, das sich heute fast jeder leisten kann, und die Fotoindustrie produziert gezielt für den Massenmarkt.

Erinnerungsfoto

Trotz einer gewissen Scheu lassen sich Japaner meist problemlos von Ausländern fotografieren. Wer nicht fotografiert werden will, winkt ab oder läuft weg. Manchmal wollen sich Japaner zusammen mit ausländischen Besuchern auf Zelluloid bannen lassen; dann werden sie allerdings vorher um Erlaubnis bitten.

Rollenspiel

Ausländer kommen oft zu dem Schluß, daß die Männer in Japan eindeutig die führende Rolle spielen, wenn sie beobachten, wie kleinlaute japanische Hausfrauen von ihren großsprecherischen Gatten herumkommandiert werden, die unfähig oder jedenfalls nicht bereit sind, selbst einen Handschlag zu tun. ... In vielen Fällen ist das schüchterne, hausfrauliche Äußere die öffentliche Fassade einer robusten Mutter, die die Zügel fest in der Hand hält, während sich hinter der brummigen Grobheit des Gatten ein hilfloser Mann verbirgt, der seine männlichen Privilegien zu wahren sucht. »Sklavin« und »Hauptfeldwebel« sind öffentliche Rollen, die wenig mit dem wahren Einfluß der Individuen zu tun haben. Die Frau zeigt in der Öffentlichkeit Respekt vor ihrem Mann, weil es von ihr erwartet wird, aber es ist Respekt vor seiner Rolle, nicht vor dem Mann selbst. Im Privatleben mag es ganz anders aussehen.

Aus: Ian Buruma, »Japan hinter dem Lächeln. Götter, Gangster, Geishas«, Verlag Ullstein Frankfurt/Main – Berlin 1985.

Frauen

1978 erregte der Generalsekretär der Kommunistischen Partei Frankreichs Aufsehen mit der Äußerung, die japanische Frau sei eine »Sklavin« des Mannes. Andere Europäer schwärmen von »sanften« und »beflissenen« Japanerinnen. Die Japaner selbst verehren ihre Mütter und respektieren ihre Ehefrauen, auch wenn sie diese in der Öffentlichkeit nicht gerade zuvorkommend behandeln. »Vortritt für die Damen« ist keine japanische Höflichkeitsregel. Zu Hause setzt sich der oder die Stärkere

Verehrung der Mutter

durch – und das ist oft die Frau. Der typische Angestellte liefert sein Gehalt ab und lässt sich von der Frau das Taschengeld zuteilen.

Gleichberechtigung

Nach dem Gesetz ist die Diskriminierung der Frau weitgehend beseitigt. Eine bedeutende Ausnahme: Die kaiserliche Thronfolge ist seit 1889 auf Männer beschränkt (▶Kaiserhaus). Doch in der Praxis ist die Gleichberechtigung noch längst nicht verwirklicht. So sind Frauen im öffentlichen Leben unterrepräsentiert. Das aktive und passive Wahlrecht erhielten sie erst 1945. Allerdings wählte das Unterhaus 1993 erstmals eine Frau zu seiner Präsidentin.

Benachteiligung im Arbeitsleben

Im ▶Arbeitsleben werden Frauen oft benachteiligt, besonders bei Einstellung, Ausbildung und Beförderung. Ihr Durchschnittslohn beträgt, weil sie überwiegend in niedrigen Tarifgruppen und häufig als Teilzeitkräfte arbeiten, nur etwa 60 % des Männerlohns. Nachteilig wirkt sich auch die Unterbrechung der Laufbahn aus, um Kinder zu bekommen. Ambitionierte Frauen bevorzugen eine Beschäftigung im öffentlichen Dienst oder bei ausländischen Firmen, da sie dort bessere Aufstiegschancen haben.

Studium

In der ▶Bildung gibt es nur auf der Hochschulebene wesentliche Unterschiede zwischen den Geschlechtern. Lässt man die Fachhochschulen außer Acht, so nehmen mehr Frauen als Männer ein Studium auf. Aber während das normale vierjährige Studium zu über 70 % Männersache ist, sind neun von zehn Studenten der zweijährigen Kurzhochschule *(Tandai)* Frauen. Nur bei den Fachhochschulen ist das Verhältnis ausgewogen.

Viele Frauen entscheiden sich allerdings deshalb für die Tandai, weil sie so leichter eine Stelle finden als Geschlechtsgenossinnen, die ein vierjähriges Studium absolviert haben.

Bild der Frau

Das Bild der Frau hat sich seit den 1980er Jahren gewandelt, vor allem unter dem Einfluss des Fernsehens. Nachrichten und andere politische Sendungen, früher Domäne der Männer, werden mittlerweile häufig von Frauen moderiert. In den Fernsehstücken ist das Klischee von der schwachen, demütigen oder leidenden Frau durch neue Klischees – starke und zielbewusste Frauen mit verunsicherten Männern – ersetzt worden.

Die japanische Sprache ist übrigens geschlechtsneutral. Abteilungsleiter heißen *Buchō,* Minister *Daijin* und Lehrer *Sensei,* egal ob es sich um Männer oder Frauen handelt.

Freizeit und Unterhaltung

Des Japaners liebste Freizeitbeschäftigung ist außer Haus zu essen, das jedenfalls hat ein »Freizeitentwicklungszentrum« durch Umfragen ermittelt. In der Beliebtheitsskala folgen Inlandreisen (allerdings nur kurze, ▶ Reisen der Einheimischen), Spazierfahrten im Auto

Das kleine Glück suchen die Japaner an den Spielautomaten der Pachinko-Hallen

und seit 1990 ▶Karaoke-Singen. Die unübersehbare Leidenschaft für Pachinko (▶Glücksspiele) rangiert dagegen erstaunlicherweise nur unter »ferner liefen«.

Fernsehen und Lesen Zwei der häufigsten Freizeitaktivitäten kommen in den Umfragen gar nicht vor: Fernsehen und Lesen (▶Medien). Sie sind wohl so sehr als Teil des Alltags, dass sie nicht in das noch recht neue Freizeitkonzept passen.

Auch zwei Jahrzehnte nach der Gründung des aus

Wenig Freizeit Staatsgeldern finanzierten Zentrums ist die Freizeit der Berufstätigen noch recht knapp bemessen. Zäher Widerstand der Unternehmen, Unsicherheit der Arbeitnehmer über ihre Rechte und die Hierarchie im Betrieb sorgen dafür, dass ein zusammenhängender Urlaub von mehr als einer Woche bisher seltene Ausnahme ist. Nicht einmal die Fünftagewoche ist selbstverständlich (▶Arbeitsleben). Größere Firmen fördern aber Sport, Hobbys und abendliche Geselligkeit ihrer Mitarbeiter. Zu Hause bleibt meist nur noch Zeit zum Schlafen.

Kinder verbringen ihre Freizeit in der Schule, bei Hobbykursen (▶Bildung) oder mit Computerspielen

Hobbys am PC. Die Ehefrauen beteiligen sich an den Aktivitäten ihrer Männer und Kinder, oder sie schaffen sich ihre eigene Geselligkeit in Frauenzirkeln und Kursen für ▶Ikebana, ▶Teezeremonie, Kalligraphie oder französische Küche. Die »geteilte« Freizeit der Familien hat auch Kostengründe. Es gibt wenige öffentliche Sport- und Spielanlagen, und die kommerziellen sind teuer. Ähnliches gilt für Konzerte und Theater.

▶ Fuji

Dichter, Maler und Fotografen ließen und lassen sich zu allen Jahreszeiten von der Schönheit des Fuji inspirieren: Schon die älteste Gedichtsammlung Japans aus dem 8. Jahrhundert enthält Verse auf den fast perfekten

Vulkankegel, und die Holzschnitte von Hokusai (▶ Malerei) machten ihn weltbekannt. Die Japaner nennen ihren berühmtesten und mit 3776 m höchsten Berg übrigens Fuji-*san*, nicht Fuji-*yama.* »San« und »Yama« sind verschiedene Aussprachen desselben Schriftzeichens, das »Berg« bedeutet. Dabei wird »Yama« als selbständiges Hauptwort verwendet, »San« nur in Verbindung mit einem Namen oder in Worten, die aus mehreren Schriftzeichen zusammengesetzt sind.

Höchster Berg Japans

Auch wenn der letzte Ausbruch fast dreihundert Jahre zurückliegt, zählt der Fuji zu den aktiven Vulkanen. Während der offiziellen Klettersaison im Juli und August besteigen Zigtausende den Berg, besonders gern während der Nacht, um den Sonnenaufgang auf dem Gipfel zu erleben. Die Fuji-Besteigungen begannen ursprünglich als religiöse Übung der Anhänger von *Fuji-kō,* einer alten Sekte von Fuji-Gläubigen, die den Berg als Heiligtum verehren. Der Gipfel des Berges ist, wie in einem berühmten Rechtsstreit entschieden wurde, Eigentum eines der Berggöttin Konohana Sakuyahime geweihten Shintō-Schreins.

Fuji-Besteigung

Den heutigen Japanern scheint der Fuji nicht mehr sonderlich heilig zu sein, wie die heillose Menge an Abfall zeigt, die das Heer der Bergsteiger alljährlich auf dem Berg hinterlässt.

Gartenbaukunst

◀

Ein japanischer Garten ist ein Kunstwerk im doppelten Sinne: kunstvoll und künstlich. Nicht unberührte Natur oder gar Wildwuchs finden sich hier, sondern die vom Menschen geordnete, seinen Vorstellungen gehorchende Natur. Diese liefert nur das Material – lebende Pflanzen, vielleicht ein paar Fische, Steine, Wasser –, das beschnitten, zurechtgebogen oder -gehämmert wird, bis es zum Werk des Menschen »passt«. Auch ein Stück natürlicher Landschaft kann in das Gesamtkonzept eingebaut werden. Man nennt das *Shakkei,* »Landschaft borgen«. Wie in der Architektur gibt es beim Gartenbau verschiedene Stilrichtungen; zudem haben sich im Lauf der Jahrhunderte bestimmte Gartentypen herausgebildet.

Steingärten und Teegärten

Kyōtos berühmtester Steingarten im Ryōan-ji ist ein »trockener Landschaftsgarten« *(Kare Sansui Teien),* bei dem wellenförmig geharkter Kies das Meer symbolisiert. Streng gestaltete Teegärten *(Roji Niwa)* mit einem Teehaus, zu dem Steinlaternen den Weg weisen, sollen innerlich auf die ▶ Teezeremonie einstimmen. In größeren Gärten des Typs *Kaiyū* kann man spazierengehen und den Anblick unterschiedlicher Landschaften genießen, kleinere sind nur zur beschaulichen Betrachtung *(Kanshō)* gedacht.

Meister der Gartenbaukunst

Meister der Gartenbaukunst wie Musō Soseki (1275–1315) oder Kobori Enshū (1579–1647) sind berühmter als die meist anonymen Baumeister der Tempel und Schreine, Burgen oder Schlösser. Die Grundgedanken alter Gartenbaukunst leben in den oft winzigen Gärten moderner Stadthäuser fort. Der Blick aus dem Fenster ist Teil der Raumgestaltung wie ein Bild, zugleich schafft der Garten die Illusion räumlicher Tiefe.

Bonsai-Bäumchen

Dabei steht ein *Bonsai*-Bäumchen für eine ausgewachsene Kiefer, ein kantiger Stein für einen großen Felsen, eine Porzellanschüssel mit Goldfischen für einen Teich.

▶ Gastfreundschaft

Gäste zu Hause zu empfangen ist für Japaner eine anstrengende Angelegenheit – und für die Gäste auch. Allzu bemüht sind die Gastgeber, ihren Besuch mit Wohltaten zu überschütten. Dieser wiederum fühlt sich ständig gedrängt, viel mehr zu essen, zu trinken oder

Geschenke anzunehmen, als ihm eigentlich lieb ist. Wenn die Gäste schließlich gehen, sind die Gastgeber erschöpft, und die Gäste nehmen das verpflichtende Gefühl mit nach Hause, sich irgenwie revanchieren zu müssen. Japaner begründen ihr Zögern, Gäste nach Hause einzuladen, gewöhnlich mit den beengten Wohnverhältnissen. Aber das eigentliche Problem ist die Art, wie Japaner ihre menschlichen Beziehungen gestalten. Da geht es so kompliziert zu, muss so viel vorausbedacht und berücksichtigt werden, dass Spontaneität und Natürlichkeit verloren gehen. Entspannte Vertrautheit gibt es daher nur im engeren Familienkreis und unter wirklich guten Freunden, manchmal auch zwischen langjährigen Nachbarn. Geselligkeit als Mittel, eine Bekanntschaft zu intensivieren, hat da keinen Platz. Natürlich gibt es auch Ausnahmen, zumal unter Japanern, die längere Zeit in Europa oder Amerika gelebt haben. Und jüngere Leute verkehren sehr viel lockerer miteinander als die Generation ihrer Eltern. Unbeschwert genießen aber lässt sich japanische Gastfreundschaft nur in ihrer unverbindlicheren, weniger intimen Form: in Gaststätten oder bei gemeinsamen Unternehmungen außer Haus.

Beengte Wohnverhältnisse

Besser außer Haus

Geisha

Neben Fuji, Kirschblüte und Samurai gehört die *Geisha* zu den bekanntesten Klischees von Japan. Während der Fuji in ewiger Schönheit in den Himmel ragt und die Kirschblüte alljährlich im Frühjahr die Menschen erfreut, ist die Geisha auf dem besten Wege, das Schicksal der Samurai zu teilen: Die professionelle Unterhalterin alter Schule hat sich überlebt. Die wenigen Hundert Frauen, die diesen traditionsreichen Beruf noch ausüben – Mitte der 1930er Jahre gab es noch über 70 000

Professionelle Unterhalterin

Geishas –, kommen in die Jahre. Und Nachwuchs bleibt aus. Die frühe Lehrzeit ab 12 oder 13 Jahren verträgt sich nicht mit der Schulpflicht (▶ Bildung). Dank des höheren Lebensstandards finden sich kaum noch Eltern, die ihre Töchter in eine Geisha-Lehre geben würden. Für junge Mädchen ist dieser Beruf nicht attraktiv. Klassischen Tanz oder das Spielen der *Shamisen* (▶ Musik) kann man auch woanders lernen. Einen *Kimono* (▶ Kleidung) spendieren sicher die Eltern. Und wer sein Geld damit verdienen will, Männer zu unterhalten, kann Hostess oder Bardame werden – ohne Lehre.

Nachwuchsmangel

Die Frage, was genau eine Geisha ist, hat Generationen von Ausländern beschäftigt. Der Beruf ist jedenfalls nicht aus der Prostitution hervorgegangen, sondern in Ergänzung dazu entstanden: Die ersten Geishas waren Männer! Sie traten seit dem 17. Jahrhundert bei den Geselligkeiten zahlungskräftiger Freier mit professionellen Freudenmädchen *(Yūjo)* als Unterhalter auf, um durch Musik, Tanz und andere künstlerische Darbietungen die Stimmung zu heben. Weibliche Geishas gibt es erst seit Mitte des 18. Jahrhunderts. »Blumenviertel« *(Hana-machi)* nennen die Japaner jene Stadtteile, in denen die Geishas leben und arbeiten. Geishas wohnen in einem Geisha-Haus und arbeiten nur in Lokalen, die bei der Geisha-Vermittlung registriert sind. Wer Geisha-Unterhaltung wünscht, bestellt diese zusammen mit Speisen, Getränken und Zimmer in einem der Lokale. Die Gebühren (*Hana-dai,* »Blumengeld«) werden in Stunden pro Geisha abgerechnet. Außerdem erwartet jede Geisha ein stattliches Trinkgeld.

Historische Entwicklung

Blumenviertel

Blumengeld

Die Geishas sitzen zwischen den Gästen, plaudern, machen Späße, gelegentlich führen sie einen Tanz vor oder singen zur Shamisen-Begleitung. Geisha-Partys können ziemlich albern sein. Wer Glück hat, begegnet beim abendlichen Streifzug durch eines der wenigen noch bestehenden Geisha-Viertel einer jungen Maiko, wie Geishas während ihrer Lehrzeit genannt werden. In ihren stelzenhaft klotzigen Holzschuhen, farbenprächtigen Kimonos mit langen Schleppärmeln und weiß gepuderten Gesichtern unter kunstvollen Frisuren wirken Geisha-Schülerinnen wie lebendig gewordene Puppen aus einer Märchenwelt. Erotik wird nur angedeutet: Der Mund ist mit knallroter Schminke zu einer kleinen Rundung stilisiert, der nach hinten gelockerte Kimonokragen lässt den Nacken mit dem Haaransatz frei – die japanische Variante eines Dekolletés.

Maiko

Geld

Das Verhältnis der Japaner zum Geld ist gespalten: Sie sparen fleißig, aber sie geben es oft auch erstaunlich leicht aus. Gespart wird vor allem vom Bonus, den zweimal im Jahr an die Arbeitnehmer ausgezahlten Sondergratifikationen (▶ Arbeitsleben), und am liebsten bei der Post, weil sie höhere Sparzinsen zahlt als die Banken. Das Preisbewusstsein ist nicht sehr stark entwickelt. Zwar sind Rabatte höchst willkommen, kaum jemand macht sich aber die Mühe nachzuprüfen, ob der Ausgangspreis nicht überhöht war. Es wird viel spontan gekauft. »Teuer« ist ein Synonym für »gut«. Eine luxuriöse Verpackung (▶ Einkaufen) verführt zum Kauf und lenkt vom Inhalt ab. Und für Essen, Trinken und Hotelübernachtungen werden, gemessen am Einkommen, oft erstaunlich hohe Preise gezahlt.

Geringes Preisbewusstsein

Es gilt als unschicklich, über Geld zu reden, jedenfalls in bürgerlichen Kreisen. Man zählt ungern unter den Blicken anderer Leute Geld nach. Honorare, Schuldenrückzahlungen oder Geldgeschenke werden diskret im Umschlag übergeben. Japaner tragen bisweilen

Diskretion bei allen Geldangelegenheiten

überraschend hohe Summen Bargeld mit sich herum. Geschäfte im Wert von Hunderttausenden von Euro werden oft bar abgewickelt – in japanischer Währung handelt es sich dabei um Millionenbeträge, denn es gibt keine höhere Einheit als den Yen. Als Japan 1871 den Yen zur nationalen Währung erklärte, wurde zwar ein Yen in hundert Sen unterteilt, doch hat die Inflation dem Sen fast jede praktische Bedeutung genommen. Nur bei der Berechnung der Devisenkurse spielt er noch eine Rolle. Versuche, den Wert des Yen durch eine Währungsreform neu festzulegen, um zwei oder drei Nullen zu streichen, blieben bisher erfolglos.

Yen

▶ Geschenke

Zweimal im Jahr ist Geschenksaison. Die Sommergeschenke, *O-Chūgen* (Jahresmitte), gehen auf das buddhistische Totenfest (▶Feste und Feiertage) zurück. Wintergeschenke, *O-Seibo* (Jahresende), gibt es im Dezember. Nahrungs- und Genussmittel aller Art oder Nützliches für den Haushalt sind typische Chūgen- und Seibo-Geschenke. Früher übergab man die Präsente persönlich, heute ist es üblich, sie zustellen zu lassen. Für den Einzelhandel und besonders für angesehene Kaufhäuser (▶Einkauf) sind die Chūgen- und Seibo-Umsätze so wichtig wie bei uns Sommer- und Winterschlussverkauf. Die Geschenke werden gewöhnlich in doppelter Absicht gegeben: als Dank für bereits erwiesene oder in der Hoffnung auf künftige Dienste und Gefälligkeiten. Die Gaben gehen überwiegend von »unten« nach »oben«: vom Schüler an den Lehrer, vom Patienten an den Arzt, vom kleinen Angestellten an den Abteilungsleiter, von der Zulieferfirma an den für die Auftragsvergabe zuständigen Manager eines Großunternehmens. Manchmal lassen sich auch »Höherge-

Chūgen- und Seibo-Geschenke

Von »unten« nach »oben«

stellte« dazu herab, einem sozial unter ihnen Stehenden ein Geschenk zu machen, etwa indem ein prominenter Politiker einem wenig bekannten Journalisten ein O-Seibo oder O-Chūgen schickt. Aber das ist nur scheinbar ein Widerspruch, denn dahinter steckt die gleiche Absicht: Der Journalist hat sich für den Politiker als nützlich erwiesen oder könnte es in Zukunft tun. Geschenke riechen in Japan oft ein wenig nach ▶Bestechung. Daher werden Chūgen- und Seibo-Geschenke nicht zwischen Verwandten ausgetauscht.

Ob unter Freunden, Verwandten oder im Geschäftsverkehr: Japaner schenken überlegt, selten spontan. Wer sich irgendwie verpflichtet fühlt oder eine Verpflichtung bei einem anderen erzeugen will, schenkt etwas. Wenn der Empfänger das Präsent als »belastend« empfindet, wird er sich bei der nächsten passenden Gelegenheit durch ein Gegengeschenk »entlasten«.

Verpflichtung

Geldgeschenke sind in Japan viel sehr üblicher als bei uns, auch innerhalb der Familie. Typische Anlässe sind Neujahr, die Geburt eines Kindes, bestimmte Geburtstage (▶Brauchtum und Riten), Heirat (▶Hochzeit) und ▶Tod, aber auch andere Ereignisse wie ein Schulabschluss, die Fertigstellung eines Hauses, ein längerer Krankenhausaufenthalt oder ein Unglücksfall. Zumindest bei Hochzeiten und Todesfällen wird ein Gegengeschenk erwartet, das *O-Kaeshi.* Der Schenkende muss sich in Japan also immer überlegen, ob er mit seiner Gabe den Beschenkten nicht unverhältnismäßig belastet. Das O-Kaeshi kann eine Vase sein, eine Lackschale oder etwas Praktisches und sollte ungefähr halb so viel wert sein wie das Geldgeschenk. Geld aber sollte es nicht sein. Für Geldgeschenke gibt es spezielle Umschläge zu kaufen, die mit einer bunten Schleife zugebunden werden – zu einer Hochzeit in den Farben Gold

Geldgeschenke

Verhältnismäßigkeit

und Silber, bei sonstigen Glückwünschen in Weiß und Rot, bei Trauerfällen in Weiß und Schwarz. Heutzutage sind diese Geschenkschleifen *(Noshi)* oft nur noch aufgedruckt. Ähnliche Schleifen gibt es auch für Sachgeschenke. Die Angestellten größerer Geschäfte werden eingehend in der Kunst des Verpackens unterwiesen. Auch Hobby-Kurse vermitteln diese Kunstfertigkeit.

Geschenkschleifen

▶ Geschichte

Izanagi und Izanami

Wenn man der Legende folgt, verdanken die japanischen Inseln ihre Existenz den göttlichen Geschwistern Izanagi und Izanami (▶Mythen), und das ▶Kaiserhaus wurde von Jimmu-tennō begründet. Steinzeitliche Keramikfunde zeugen von einer Besiedelung Japans mindestens 10 000 v. Chr. Erst seit dem 1. Jh. n. Chr. wird Japan in chinesischen Chroniken erwähnt. Ackerbau und Handwerk, aber auch die Kunst wurden stark von Einwanderern aus Korea und China beeinflusst. Die größten Grabstätten der *Hügelgräberzeit* (*Kofun-jidai,* 3.–7. Jh.) gelten als Kaisergräber. Ihre Ausgrabung hat das Hofamt verboten – und vermeidet damit die Gefahr, auf koreanische Vorfahren des Tennō zu stoßen.

Yamato-Reich

Einwanderer aus Korea und China spielten auch beim Aufbau des ersten japanischen Zentralstaates, der ab dem 4. Jahrhundert in der fruchtbaren Yamato-Ebene um Ōsaka, Kyōto und Nara entstand, eine wesentliche Rolle. Das *Yamato-Reich* erlebte seine erste Blüte in der *Asuka-Zeit* (552–645). In dieser Epoche erhob Prinz Shōtoku den Buddhismus (▶Religion) zur Staatsreligion, gab Japan mit der »Siebzehn-Artikel-Verfassung« (*Kempō Jūshichi-jō,* 604) ein Grundgesetz und schickte die erste Gesandtschaft nach China. Ein absolutistisches, vom Konfuzianismus beeinflusstes Kaisertum bildete sich heraus.

Nara-Zeit

Zu Beginn der *Nara-Zeit* (710–784) erhielt das Reich seine erste feste Hauptstadt, Heijō-kyō, das heutige Nara. In dieser Epoche entstanden die ältesten erhaltenen Chroniken des Kaiserhauses. Bau- und Dichtkunst blühten auf, chinesische und koreanische Meister brachten ihr Wissen um Keramik- und Seidenherstellung ein. Um sich der wachsenden Macht des buddhistischen Klerus in Nara zu entziehen, verlegte Kaiser Kammu die Hauptstadt zunächst nach Nagaoka und später ins heutige Kyōto.

Heian-Zeit

Genji-monogatari

Mit der neuen Hauptstadt Heian-kyō, Kyōto, begann die *Heian-Zeit* (794–1192) und der Aufstieg des Hofadels – gleichzeitig büßte der Kaiser immer mehr an Macht ein. Die Adelsfamilie der Fujiwara beherrschte das politische und kulturelle Leben. Japan löste sich vom großen Vorbild China und entwickelte eigene Kunstformen. Der höfische Liebesroman *Genji-monogatari* (▶Literatur) ist ein herausragendes Zeugnis dieser Epoche.

Minamoto Yoritomo

Fern der Hauptstadt hatten sich inzwischen die bei den Familien Taira und Minamoto eine Machtposition geschaffen. Mit eigenen ▶Samurai-Heeren gelang es den Minamoto, die Vorherrschaft zu erringen. Von dem als Symbolfigur entmachteten Kaiser ließ sich *Minamoto Yoritomo* 1192 zum *Shōgun* ernennen und organisierte eine das ganze Land umfassende Militärverwaltung *(Bakufu)*. Regierungssitz wurde Kamakura. Die *Kamakura-Zeit* (1192–1333) war geprägt von der Ethik der Samurai, von ▶Kampfsport und Zen-Buddhismus (▶Religion). Das Kamakura-Schogunat zerbrach schließlich an internen Kämpfen, in die auch das Kaiserhaus verwickelt war, das sich zeitweilig in eine Nord- und eine Süddynastie spaltete. Japan versank für zwei Jahrhunderte in Dauerkriegen.

Erst zu Beginn des 17. Jahrhunderts wurden Frieden und Einheit des Reiches wiederhergestellt. Drei Männer trugen dazu bei, die vielen Japanern bis heute als Leitfigur dienen.

Oda Nobunaga

Oda Nobunaga (1534–1582) zog erfolgreich gegen mächtige Provinzfürsten *(Daimyō)* und gegen die Privatheere der Klöster zu Felde.

Toyotomi Hideyoshi

Einer seiner ehemaligen Heerführer, *Toyotomi Hideyoshi* (1536 bis 1598), vollendete die Einigung nach dessen Tod, verzettelte sich aber in Kriegen gegen Korea und China.

Tokugawa Ieyasu

Tokugawa Ieyasu (1542–1616) schließlich, 1603 zum Shōgun ernannt, begründete eine Staats- und Gesellschaftsordnung, die Japan 250 Jahre lang Frieden bescherte, mit Edo (Tokyo) als Regierungssitz. Der Preis war eine strikte Reglementierung im Inneren, die Methoden des modernen Polizeistaates vorwegnahm, und eine fast völlige Abschottung nach außen. Erste Opfer waren christliche Missionare, die seit Ankunft des spanischen Jesuitenpaters Francisco de Javier 1559 mit wachsendem Erfolg in Japan gewirkt hatten, und zum Christentum bekehrte Japaner, die nun systematisch verfolgt wurden.

Christliche Missionierung

Wer dem fremden Glauben nicht abschwor, wurde hingerichtet. Als man 1639 die letzten Missionare ausgewiesen hatte, durften nur noch holländische, chinesische und koreanische Händler Japan betreten. Auslandsreisen waren Japanern bei Todesstrafe untersagt.

Zeit der Abschließung

Während der Zeit der Abschließung *(Sakoku-jidai)* gelangten zwei Deutsche in holländischen Diensten nach Japan: Engelbert Kaempfer von 1690 bis 1692 und Philipp Franz von Siebold von 1823 bis 1830 (erneut nach der Öffnung von 1859–1863). Durch ihre umfassenden Schriften gaben sie den Europäern Einblick in das verschlossene Land.

Edo-Zeit

Im langen Frieden der *Edo-Zeit* (1603–1867) blühten Handwerk und Kunst, das städtische Bürgertum gelangte zu Wohlstand, und der Kriegerstand verarmte. Die Zeit der Abschließung endete 1853/54, als der Amerikaner Matthew Perry mit seinen »Schwarzen Schiffen« vor der Küste Japans erschien und die Regierung in Edo zum Abschluss eines Handelsvertrages zwang. Heftige Auseinandersetzungen zwischen Anhängern und Gegnern der Landesöffnung führten zum Sturz des Schogunats. Die Wiederherstellung der Regierung im Namen des erst 16-jährigen Kaisers Meiji 1868 ging als Meiji-Restauration *(Meiji-ishin)* in die Geschichte ein. Edo wurde in Tokyo, »östliche Hauptstadt«, umbenannt. Die Verfassung von 1889 machte Japan zur konstitutionellen Monarchie nach preußisch-deutschem Muster. »Entwicklungshelfer« aus Europa und Amerika, von Japan teuer bezahlt, und japanische Auslandsstudenten halfen beim zielstrebigen Umbau des Landes zur Industrienation.

Kaiser Meiji

Japan hat auf die Herausforderung durch den Westen nach anfänglicher Verwirrung mit einer beispiellos erfolgreichen Modernisierung reagiert und sich so das Schicksal Chinas erspart, Spielball fremder Mächte zu werden. In Interessenkonflikten um die Halbinsel Korea besiegte Japan zunächst China (1894/1895), annektierte Taiwan und bezwang sodann mit Russland (1904/1905) erstmals eine europäische Macht, was die Welt aufhorchen ließ. 1910 verleibte es sich Korea ein, und als mit dem Tod des Kaisers die *Meiji-Zeit* (1868 bis 1912) zu Ende ging, spielte Japan im Konzert der Mächte bereits kräftig mit.

Modernisierung

Die *Taishō-Zeit* (1912–1926) war weniger spektakulär. Im Ersten Weltkrieg brachten die Japaner 1914 mit der Eroberung der deutschen Kolonie Tsingtau in China dem Deutschen Reich seine erste Niederlage bei. Mehrere Tausend Deutsche kamen als Kriegsgefangene

Erster Weltkrieg

nach Japan. In Versailles gehörte Japan zu den Siegermächten. Die Nachkriegszeit brachte eine Phase politischer Liberalisierung, als »Taishō Democracy« bekannt. Die Weltwirtschaftskrise stürzte auch Japan in Not. Rechtsradikale Offiziere suchten den Ausweg in politischen Attentaten und militärischer Expansion: 1931 besetzte Japan die Mandschurei und errichtete dort ein Marionettenregime. 1937 begann es den Eroberungskrieg gegen das übrige China, der später auf Südostasien ausgeweitet wurde und Tokyo zunehmend in Gegnerschaft zu den Briten, Franzosen, Holländern und Amerikanern brachte. Das Achsen-Bündnis mit Deutschland und Italien – 1936/37 begründet– hatte nur geringe Auswirkungen auf den Kriegsverlauf.

Militärische Expansion

Mit dem wahnwitzigen Überfall auf Pearl Harbor forderte Japan 1941 die USA heraus. Amerikas Antwort waren die Atombomben auf ▶Hiroshima und Nagasaki im August 1945. Kaiser Hirohito forderte sein Volk am 15. August auf, die Waffen zu strecken. Am 2. September unterzeichneten die Japaner auf dem Schlachtschiff »Missouri« in der Bucht von Tokyo die Kapitulationsurkunden.

Amerikanische Atombomben

Japan verlor zwar seine Eroberungen und – vorübergehend – einige kleinere Inseln, anders als Deutschland aber blieb es ungeteilt. Die USA waren die einzige Besatzungsmacht, die Regierung blieb bestehen, hatte allerdings bis zum Ende der Besatzungszeit mit Inkrafttreten des Friedensvertrags von San Francisco 1952 den Befehlen Washingtons zu folgen. Den Nürnberger Kriegsverbrecherprozessen entsprachen die Tokyoter Prozesse, bei denen sieben Angeklagte zum Tode verurteilt wurden, darunter Kriegspremier Tōjō Hideki, 16 erhielten lebenslange Freiheitsstrafen. Den Kaiser ließ man ungeschoren auf dem Thron. In anderen Prozes-

Friedensvertrag

sen in China und Südostasien wurden weitere 920 Japaner wegen der vom Militär begangenen Grausamkeiten zum Tode verurteilt und hingerichtet.

Kriegsverbrecher

Japan hat nach der Wiedererlangung seiner Souveränität niemandem wegen seiner Rolle im Krieg den Prozess gemacht und 1958 die letzten Häftlinge aus den Kriegsverbrechergefängnissen entlassen. Bis zum Regierungswechsel von 1993 hat es sich, nach Protesten des Auslands, nur widerwillig zu den Greueltaten seiner Truppen bei den Eroberungszügen in Asien bekannt.

Die Nachkriegsverfassung, 1946 von den Amerikanern entworfen, gab den Frauen erstmals das Wahlrecht und verordnete dem Land demokratische Institutionen. Der wirtschaftliche Wiederaufstieg verlief zunächst ziemlich schwierig. Der Siegeszug auf dem Weltmarkt nahm erst in den 1980er Jahren beunruhigende Formen an. Japans wachsende Handelsüberschüsse belasteten zeitweilig das Verhältnis zu den USA, der Europäischen Union und zu einigen asiatischen Ländern (▶Wirtschaft).

Wirtschaftlicher Wiederaufstieg

Die weltweite Rezession seit Beginn der 1990er Jahre hat auch Japan nicht verschont. Die Finanzkrise in Asien verstärkt seit 1997 den Druck auf Tokyo, sein Bankwesen zu reformieren und die Staatsfinanzen zu sanieren. Politischer Reformdruck entstand schon 1993 mit dem ersten – allerdings nur kurzlebigen – Machtwechsel seit 1995 (▶Politik).

Finanzkrise

Gesellschaft

Im Zuge der Neuordnung nach dem Zweiten Weltkrieg wurde der Adelsstand samt Titeln und Privilegien abgeschafft. Die einzige Ausnahme bildet das ▶Kaiserhaus. Gleiche Ausbildungschancen und ein relativ geringes Gefälle zwischen den ▶Einkommen förderten egalitäre

Tendenzen. Die meisten Japaner betrachten sich heute als Angehörige des Mittelstands.

Was in der heutigen Gesellschaft zählt, sind Erfolg, Bildung und berufliche Stellung. Wer in einer Eliteuniversität Aufnahme findet, hat es geschafft, und zwar für den Rest seines Lebens. Im Innenverhältnis einer Firma kommt es auch in Japan auf den Erfolg der Arbeit an. Für das Außenverhältnis genügt aber oft schon die Zugehörigkeit zu einem angesehenen Unternehmen oder zu einer geachteten Behörde, um gesellschaftlich anerkannt zu werden. Etablierte Rangordnungen zwischen oder innerhalb von Organisationen werden selten in Frage gestellt. Man verhält sich entsprechend.

Beruflicher Erfolg

▶ Visitenkarten, *Meishi,* bieten da wichtige Informationen über die soziale Stellung des Einzelnen und sind daher nötig, um die zwischenmenschlichen Beziehungen richtig zu gestalten. Wo andere Kriterien nichts hergeben, dient das Alter als Maßstab: Wer die Schule ein Jahr früher absolviert hat, bleibt zeitlebens für alle nachfolgenden Jahrgänge der *Senpai* (Senior), die Jüngeren sind für alle Zeiten *Kōhai* (Junior).

Soziale Hierarchien

▶ Gesten und Mimik

Szenen aus dem Alltag: Eine Frau hält sich die Hand vor den Mund und unterdrückt ihr Lachen zu kurzen abgehackten Lauten: Sie ist um Vornehmheit bemüht, genauso wie die Telefonistin mit ihrer gekünstelten Stimme. Ein Mann zieht die Luft hörbar zwischen den Zähnen ein und kratzt sich am Kopf: Er demonstriert Ratlosigkeit. Japanische Männer geben sich oft weniger gehemmt als die Frauen, so als hätten sie es nicht nötig, sich gut zu benehmen. Im Alter »vergessen« allerdings auch viele Japanerinnen die angelernte Schüchternheit ihrer Jugendjahre.

Unterschiede zwischen den Geschlechtern

Jemand sitzt in der U-Bahn, liest, schaut vor sich hin oder unterhält sich. Plötzlich beginnt er oder sie, mit einer Hand zu gestikulieren: Es ist der Versuch, sich an die richtige Schreibweise eines Schriftzeichens zu erinnern. Ein Mann steht auf der Straße und macht wilde Bewegungen: Er übt Golf- oder Baseball-Schläge. Japaner tun dergleichen völlig unbekümmert. Wer vorbeigeht, weiß, was der andere tut, und nimmt kaum Notiz davon.

Als vornehm gilt es, mit vorgehaltener Hand das Lachen zu unterdrücken

Man sagt Japanern nach, sie neigten dazu, ihre Gefühle zu verbergen. Das ist nicht falsch. Gefühle offen zu zeigen, ist kein gutes Benehmen. Aber es gilt nicht als ungehörig, in Augenblicken überwältigender Freude oder Trauer ein paar Tränen zu vergießen, auch bei Männern nicht. Hemmungslos schluchzen allerdings werden auch Frauen nicht. Wer starke physische Schmerzen erleidet, wird versuchen, nicht zu schreien.

Die Verständigung durch Gesten und Mimik hat einen hohen Stellenwert, weil Japaner die bloße Andeutung der direkten und erschöpfenden Aussage vorziehen. Es ist wie in der japanischen

Malerei, bei der die frei bleibende Fläche genauso wichtig ist wie die bemalte. Schweigen muss nicht als peinliche Leere empfunden werden, wenn die Beteiligten einverständlich, entspannt schweigen. Sich wortlos zu verstehen, gilt als der Inbegriff einer gut funktionierenden Beziehung.

Wortlose Verständigung

Aber diese Art der Verständigung klappt nur, wenn beide Seiten die Signale verstehen. Beim Zählen fangen Japaner mit ausgestreckten Fingern an und knicken diese, mit dem Daumen beginnend, zum Handteller hin ein. Ab der Zahl sechs wird die Hand dann wieder geöffnet, wobei man nun mit dem kleinen Finger beginnt. Winken Japaner jemanden zu sich heran, strecken sie einen Arm aus und bewegen die Hand nach unten zu sich hin, nicht nach oben wie wir. Wollen sie auf sich selbst zeigen, deuten sie mit dem Zeigefinger auf die eigene Nase, nicht auf Herz oder Brust. Wer die Zeigefinger beider Hände wie Hörner von der Stirn spreizt, ist kein betrogener Ehemann, sondern eifersüchtig. Lächeln bedeutet in der Regel dasselbe wie bei uns; es lächelt aber auch, wer sich eisern beherrscht oder die Ansicht eines Gesprächspartners für völlig indiskutabel hält.

Gesten mit der Hand

Lächeln

▶ Glücksspiel

Rund 30 Millionen Japaner – fast ein Viertel der Bevölkerung – spielen etwa zweimal im Monat *Pachinko,* wie aus einem Weißbuch des japanischen »Freizeitentwicklungszentrums« (▶ Freizeit und Unterhaltung) hervorgeht. Pachinko ist das populärste Glücksspiel, auch wenn es offiziell gar nicht als solches geführt wird, denn Glücksspiele *(Bakuchi* oder *Tobaku)* sind verboten, sofern sie nicht ausdrücklich erlaubt sind. Und bei Pachinko ist das nicht der Fall. Grell beleuchtete, bunt

Offiziell verboten

flimmernde Pachinko-Hallen finden sich in Einkaufsstraßen, in der Nähe von Bahnhöfen und an den Ausfallstraßen der Städte – oft mehrere nebeneinander. Stundenlang sitzen die Spieler bei ohrenbetäubendem Lärm vor langen Reihen von Spielautomaten und versuchen ihr Glück: 1000 Yen (etwa 15 Mark) kostet eine »Portion« kleiner Metallkugeln, die in den Automaten geschüttet werden in der Hoffnung, dass sie auf ihrem Weg durch die Maschine ein Trefferloch finden. Hat man Glück, fällt unten ein neuer Haufen Kugeln heraus, ist man vom Pech verfolgt, verschwinden sie im Bauch des Automaten. Die gewonnenen Kugeln tauscht man in der Pachinko-Halle in Ware um, z. B. in Kugelschreiber, Uhren oder Taschenrechner. Doch für 95 % der Pachinko-Spieler ist das nur eine Zwischenstufe: Sie lösen an einem unauffälligen Schalter in der Nähe ihre Ware in Bargeld ein. In diesem Moment wird die Sache illegal. Aber die Polizei greift selten ein. Das Geschäft mit Pachinko ist ein großer Wirtschaftszweig, Einsatz und Gewinne aber sind begrenzt.

Pachinko

Für Touristen befremdlich ist, dass Ausländern in vielen Pachinko-Hallen der Zutritt verwehrt wird. Auch diese offene Diskriminierung wird von der Polizei geduldet.

Mah-Jongg

Weniger auffällig, aber gleichfalls stark verbreitet sind Mah-Jongg- *(Majan-)*Klubs, wo man einem chinesischen Brettspiel frönt. Der besondere Kitzel liegt auch hier, wie bei vielen beliebten Kartenspielen (z. B. *Hanafuda*), in der Möglichkeit, die Gewinne unter der Hand in Geld umzutauschen. Legal sind Wettbüros bei Pferderennen *(Keiba),* Motorboot-, Auto- und Fahrradrennen *(Keirin),* staatlich überwachte Zahlenlotterien *(Takara-kuji)* und neuerdings auch Fußballtoto *(Sakkā-kuji).*

Wettbüros

Hiroshima und Nagasaki

Am 6. August 1945 um 8.15 Uhr Ortszeit warf eine Boeing B-29 unter dem Kommando von Paul Tibbets über Hiroshima zum ersten Mal in der Weltgeschichte eine Atombombe auf Menschen ab. Kurz danach, am 9. August, traf es Nagasaki; Kommandant war Kermit

Präsident Truman

Beahan. Den Befehl zum Abwurf der Bomben gab Präsident Truman von Potsdam aus, wo er gerade mit Stalin und Churchill über die Behandlung des besiegten Deutschland beriet.

Wie viele Menschen den Bomben zum Opfer fielen, wird man niemals genau wissen. Die Stadtverwaltung von Hiroshima schätzt, daß es bis Ende 1945 etwa 140 000 waren, in Nagasaki an die 70 000. Zehntau-

Hunderttausende von Opfern

sende erlagen später den Strahlenschäden. Und noch heute führt man jedes Jahr Tausende von Todesfällen und schweren Erkrankungen auf die Bombe zurück. Bezieht man die bisher nicht identifizierten Opfer ein, überschreitet die Gesamtzahl der Toten 300 000, darunter ungefähr 40 000 Koreaner, die meist als Zwangsarbeiter in den beiden Hafenstädten eingesetzt waren, sowie eine unbekannte Zahl Chinesen und alliierter Kriegsgefangener, vor allem Amerikaner, Australier und Holländer.

Wer die Millionenstadt Hiroshima heute besucht, hat Mühe, zwischen all den glitzernden Reklameschildern und modernen Bürohäusern noch Spuren der Katastrophe zu entdecken. Das ist kein Zufall. Außer der Ruine

Symbol Hiroshimas

des Handelsförderungszentrums – das nackte Stahlgerüst des Kuppeldachs ist zum Symbol der Stadt geworden – wurden alle sichtbaren Schäden beseitigt. Das sah schon das Gesetz über den Wiederaufbau Hiroshimas vor und entsprach dem Willen der Stadtverwaltung. Hiroshima sollte wieder eine wirtschaftlich blühende Stadt werden, ganz so, wie sie es vor der Bombe gewesen ist. Nur einmal im Jahr – für ein paar Tage um den 6. August – wird die Erinnerung mit Konferenzen und Demonstrationen wachgerufen.

Japan als unschuldiges Opfer?

Auf den Gedenkveranstaltungen und Antiatomkundgebungen wurden lange nur die eigenen Wunden geleckt, die Leiden der anderen verschwiegen. Japan erschien als Opfer der Atombombe. Dass dem Inferno ein in diesem Teil der Welt von den Japanern angezettelter Krieg vorausgegangen war, blieb meist unerwähnt. Und der Gedenkstein für die koreanischen Opfer musste außerhalb des städtischen Friedensparks aufgestellt werden.

Leid der asiatischen Nachbarn

Erst 46 Jahre nach der Bombe gedachte ein Stadtoberhaupt in seinem »Friedensappell« auch des Leids, das Japan im Krieg oder als Kolonialmacht seinen asiatischen Nachbarn angetan hat. Dazu musste erst ein Bürgermeister im Amt sein, der seine Kindheit in Seoul verbracht hat, damals Sitz der japanischen Kolonialverwaltung in Korea. Ähnlich war es in Nagasaki, wo 1979 ein Christ – eine Seltenheit in Japan – zum Bürgermeister gewählt wurde. Trotz der schrecklichen Erfahrungen von Hiroshima und Nagasaki zögerte Japan lange, bevor das Parlament im Jahr 1976 den Atomsperrvertrag ratifizierte.

Kermit Beahan

Der 1989 verstorbene Kermit Beahan, der die Atombombe über Nagasaki abwarf, hatte am 40. Jahrestag seines Bombenabwurfs bei einem Interview mit dem japanischen Fernsehen erklärt: »Ich möchte in die Geschichte eingehen als der letzte Mensch, der in Kriegszeiten eine Kernwaffe eingesetzt hat.« Hiroshima-Pilot Tibbets hingegen plagten keinerlei Gewissensbisse. Er bekannte mehrfach: »Ich würde heute dasselbe tun.«

Paul Tibbets

Sein Wille geschehe ...

Mit welcher Bedingungslosigkeit sich die Japaner dem Kaiser persönlich ergeben fühlen, welch geringe Rolle daneben abstrakte Prinzipien, gesetzliche Normen, politische Dogmen spielten, erlebte die Welt zum letztenmal 1945, und noch lange danach schien sie außerstande, jene Vorgänge zu begreifen. Als Japan den Krieg verloren hatte, wandte sich Kaiser Hirohito zum erstenmal in der Geschichte des Kaiserreichs direkt an seine Untertanen und forderte das Volk in einer Rundfunkrede am 15. August 1945 auf, das »Unerträgliche zu ertragen« ...

Die Rede des Kaisers war vorher auf eine Schallplatte aufgezeichnet worden, und vor der Sendung hatte eine kleine Gruppe fanatischer Offiziere versucht, die Ausstrahlung zu verhindern. Doch nachdem dieser aussichtslose Putsch gescheitert war und der Kaiser gesprochen hatte, folgte das Volk seinem Auftrag, so wie es zuvor dem Befehl gehorcht hatte, die Alliierten gnadenlos zu bekämpfen. Der Kaiser hatte gesprochen. Sein Wille geschehe. Von außen her mochte das wie ein Bruch aussehen, doch entsprach dieses Verhalten nur konsequent japanischer Überlieferung. Nicht der abstrakte Begriff Vaterland motivierte die Mehrheit der japanischen Soldaten im Krieg, was sie mit Todesverachtung kämpfen ließ war eher die persönliche Treuepflicht gegenüber dem Kaiser. Sich einem Menschen oder einer Gruppe konkret verpflichtet fühlen, dem Kaiser, dem Feudalherrn, den Kollegen, drängt absolute moralische, ethische und rechtliche Postulate in einen niedrigeren Rang. Gerechtigkeit, Wahrheit, Menschlichkeit, alle derartigen Werte erscheinen einem Japaner vager und blasser als das Gebot der Treue.

Aus: Gerhard Dambmann, »25 mal Japan«, Piper Verlag, München 1985.

Hochzeit

Zu einer richtigen Hochzeitsfeier gehört ein Ehevermittler *(Nakōdo),* gewöhnlich ein Ehepaar. Beim Festmahl sitzen die Nakōdo zu beiden Seiten der Brautleute; die Eltern des Brautpaares müssen mit Plätzen am unteren Ende der Tafel oder an Extratischen vorliebnehmen. Diese Sitzordnung stammt noch aus Zeiten, als die Eheanbahnung durch Vermittler üblich war. Doch den Wettlauf zwischen der altmodischen Vermittlungsehe *(Miai Kekkon)* und der Liebesheirat *(Ren'ai Kekkon)* hat längst die Liebe gewonnen. Da es aber noch immer als schicklich gilt, mit Nakōdo zu heiraten, bitten die Brautleute gern einen Vorgesetzten, einen alten Lehrer oder eine andere Person von Ansehen, bei der Hochzeit pro forma als Vermittler zu fungieren.

Vermittlungsehe versus Liebesheirat

Japanische Hochzeiten sind furchtbar teuer – auch für die Gäste – und oft schrecklich langweilig. Dafür bieten sie umso mehr fürs Auge. Gewerbliche Hochzeitsveranstalter inszenieren die Feiern wie am Fließband, auf Wunsch mit schintoistischen Hochzeitsriten oder christlicher Trauung in Räumen, die wie ein Schrein oder eine Kapelle ausgestaltet sind. Gegen eine Gebühr werden auch die Priester engagiert. Viele Shintō-Schreine betreiben eigene Hochzeitshallen. In größeren Hotels sind oft mehrere Etagen für das Geschäft mit der Heirat reserviert. Die horrenden Kosten für das höchst aufwändige Spektakel teilen sich beide Familien redlich.

Vielfältige Riten – hohe Kosten

Shintoistischer Ritus

Beim schintoistischen Trauungsritus gilt die Ehe als geschlossen, wenn die Brautleute ihr *Sansan Kudo* gemacht haben: Zuerst der Mann, danach die Frau nimmt aus drei kleinen Trinkschalen jeweils drei Schluck Reiswein *(Sake),* den zuvor ein Priester geweiht hat. Die Hochzeitsgäste sind nur zum Festbankett geladen. Dabei absolvieren die Neuvermählten eine »Modenschau« mit mehrfachem Kleiderwechsel. Hauptattraktion sind die – oft geliehenen – Gewänder der Braut: der weiße, seltener rote Hochzeitskimono oder ein anderer prächtig-bunter Kimono (zum letzten Mal mit langen Ärmeln, dem Zeichen der unverheirateten Frau), ein westliches Brautkleid mit Schleier sowie ein Cocktailkleid oder ein etwas schlichterer Kimono. Dazwischen wird das Brautpaar in Festreden mit Lobessprüchen überhäuft und Essen und Trinken serviert. Nicht fehlen dürfen das gemeinsame Anschneiden einer riesigen Hochzeitstorte, die oft – bis auf das Anschneidestück – nur eine Attrappe ist, und das Erinnerungsfoto. Für die Familie wird die Show auf Video festgehalten. Zum Abschied werden stattliche Geschenke an die Gäste verteilt, die ihrerseits die Brautleute reich beschenkt hatten, gewöhnlich mit

Im traditionellen Hochzeitskimono stellen sich die Neuvermählten dem Fotografen

Geld im Gegenwert von einigen Hundert Mark pro Gast. So viel kostet auch das Festbankett pro Person. Da selbst zu bescheidenen Hochzeitsfeiern fünfzig bis sechzig, oft auch achtzig oder hundert Gäste geladen werden, kommen mit Nebenkosten schnell Zigtausende von Mark zusammen. Manche Japaner weigern sich, für das zweifelhafte Vergnügen einer aufwändigen Hochzeitsfeier so viel Geld auszugeben, und heiraten lieber irgendwo im Ausland im engsten Familien- oder Freundeskreis.

Viele Gäste

Höflichkeit

»Höflich« und »Japaner« gehören zusammen wie »blau« und »Himmel«. Umso erstaunter sind Ausländer, wenn sie von einem eiligen Japaner angerempelt werden, ohne dass der Rüpel es für nötig hält, sich zu entschuldigen. Oder wenn sich Japaner auf der Straße mit wiederholten Verbeugungen begrüßen, dabei aber keinerlei Rücksicht auf andere Menschen oder den Verkehr nehmen.

Japanische Höflichkeit hat ihre eigenen Regeln. Ob sich jemand höflich oder unhöflich verhält, ist eine Frage der konkreten sozialen Situation. Japaner verhalten sich stets personen- und situationsbezogen, was eine – wenn auch noch so flüchtige – Beziehung zwischen den Beteiligten voraussetzt. Dabei kann ein bloßer Augenkontakt genügen: Wenn ein Autofahrer auf der Hauptstraße mit dem Fahrer eines Fahrzeugs, das aus einer Nebenstraße einbiegen will, erst einmal Blicke gewechselt hat, wird er sich meist verpflichtet fühlen, ihm die Vorfahrt zu überlassen. Schaut er aber stur geradeaus, will er vermeiden, mit dem anderen in eine »Beziehung« zu treten, die ihn zu höflichem Verhalten zwingen könnte.

Selbst ein flüchtiger Kontakt erzeugt eine soziale Situation

Gegenüber ihren Lehrern, Vorgesetzten oder anderen höher gestellten Personen – es können auch Verwandte sein – sind Japaner besonders höflich und zuvorkommend, manchmal geradezu unterwürfig. Ähnlich verhalten sie sich im Umgang mit Leuten, auf deren Wohlwollen sie angewiesen zu sein meinen. Umgekehrt behandeln sie Untergebene und andere sozial Schwächere oft mit kaum verhohlener Herablassung. Kurz, Japaner sind wie Radfahrer: Nach oben buckeln, nach unten treten sie. Am entspanntesten geht es unter etwa Gleichgestellten zu. Hier zeigt man auch eher einmal persönliche Gefühle, zeigt den eigenen Charakter.

Buckeln und treten

Im Umgang mit ▶Ausländern ohne persönlichen Bezug herrscht Wahlfreiheit. Man behandelt sie mit übertriebener Zuvorkommenheit, mit Verachtung – oder wie Luft. Im Ausland benehmen sich Japaner oft wie ungezogene Kinder ohne elterliche Aufsicht. Die heimischen Anstandsregeln gelten hier nicht. Ein Sonderfall sind Betrunkene: Sie genießen in Japan Narrenfreiheit. Was jemand im Suff tut – und die meisten Japaner vertragen wenig Alkohol –, wird ihm oder ihr später nicht vorgehalten. Betrunkene Japaner können lästig oder unappetitlich sein, gefährlich werden sie selten.

Narrenfreiheit für Betrunkene

▶ Homosexualität

Sex ist in Japan keine Sünde. Auch mit Homosexualität ging man früher unbefangener um als in Ländern mit christlichen Moralvorstellungen. Sie war seit alters in buddhistischen Klöstern, unter ▶Samurai und in der Theaterwelt verbreitet. Während der Edo-Zeit (1603 bis 1867) wurde sie selbst in der Literatur besungen. Berühmt ist Ihara Saikakus Novellensammlung »*Nanshoku O-kagami*« (»Großer Spiegel der Männerliebe«, 1687).

Unbefangenheit

Komplizierter wurde es erst mit dem selektiven Import westlichen Gedankenguts seit der Meiji-Zeit (▶ Geschichte). Das Strafgesetzbuch von 1907, das sich an das damals geltende deutsche StGB anlehnte, machte homosexuelle Handlungen unter Männern erstmals zur Straftat. Nach dem Zweiten Weltkrieg wurde diese Bestimmung jedoch wieder aufgehoben. Gleichgeschlechtliche Liebe zwischen Frauen war in Japan nie verpönt, aber auch kein Thema öffentlicher Diskussionen.

Anlehnung ans deutsche StGB

Homosexuelle werden von manchen Japanern schief angesehen und verbergen ihre Neigungen daher lieber. Lokale für Homosexuelle werden trotzdem auch von Heterosexuellen gerne aufgesucht.

Ikebana

Aus dem alten Brauch, vor Buddha-Statuen neben Weihrauchgefäßen und Kerzen auch Blumen als Opfergaben aufzustellen, entwickelte sich der »Blumenweg« *(Ka-dō)* als selbständige Kunstform. Blumenmeister Sengyo (15. Jh.) von der Ikenobō-Schule gilt als Begründer des klassischen *Rikka*-Stils prächtiger »Standblumen« in großen Vasen. Sen no Rikyū, der Vater der japanischen ▶ Teezeremonie, schuf im 16. Jahrhundert den lockeren *Nage-ire*-Stil: Die Blumen werden so arrangiert, als seien sie ganz spontan und kunstlos in die Vase »hineingeworfen« worden. Mit dem Aufstieg des städtischen Bürgertums in der Edo-Zeit fand die Kunst des Blumensteckens auch außerhalb des Adels, der Ritter- und Priesterschaft Verbreitung. Es entstand der *Shōka*-Stil der »lebenden Blumen«: Drei asymmetrisch angeordnete Blütenzweige symbolisieren Himmel, Erde und Menschen. Unter dem Eindruck westlicher Einflüsse begründete Blumenmeister Ohara Unshin gegen

Rikka-Stil

Nage-ire-Stil

Shōka-Stil

Moribana-Stil

Sōgetsu-Schule

Ende des 19. Jahrhunderts den *Moribana*-Stil der in flachen Schalen »aufgehäufelten Blumen«. Die nach dem Ersten Weltkrieg von Teshigahara Sōfū begründete *Sōgetsu*-Schule löste sich von allen Traditionen und postulierte die totale Freiheit des Materials – bis zum Verzicht auf Blumen.

Ikebana-Lehrer

Heute gibt es Tausende von Ikebana-Schulen. Die größten sind Ikenobō, Ohara und Sōgetsu. Millionen junger Japanerinnen lernen die Kunst des Blumensteckens als Teil der Ehevorbereitung. In den winzigen Stadtwohnungen sind die Blumengestecke oft das einzige Stück Natur. Mit Ikebana verdienen sehr viele Leute viel Geld. Ehefrauen verschaffen sich mit Ikebana-Unterricht ein Taschengeld. Männer erlernen die Blumenkunst als Lehrberuf. Jeder Lehrer kassiert nicht nur die Kursgebühren von seinen Schülern, sondern ist auch an deren Einnahmen beteiligt, wenn sie später selbst unterrichten – so wie er einen Teil der eigenen Einnahmen an seinen früheren Lehrer abführt. Das meiste Geld scheffelt das Oberhaupt der Schule, der *Iemoto.*

Kabuki

Onna Kabuki

Was für Europäer Oper und Operette, ist für Japaner *Kabuki.* Die drei Silben bedeuten Gesang *(Ka),* Tanz *(Bu)* und Schauspiel *(Ki).* Die Ursprünge des Kabuki liegen in der leichten Muse. 1603 feierte die Schreintänzerin Okuni aus Izumo mit volkstümlichen Darbietungen Triumphe in Kyōto. Ihre fast nur aus weiblichen Darstellern bestehende Truppe bot in extravaganten Kostümen unter freiem Himmel ein Programm aus Gesängen, Tänzen und szenischen Stücken, das zeitgenössische Ereignisse und volkstümliche Themen gewürzt mit Pathos, Komik und viel Erotik präsentierte.

Die Darbietungen fanden zahlreiche Nachahmer. Die Regierung befürchtete Schaden für die öffentliche Moral, zumal die Schauspielerinnen häufig auch Prostituierte waren, und verbot 1629 die Teilnahme von Frauen *(Onna)*. Damit endete die Phase des *Onna Kabuki.*

Wakashu Kabuki

Kaum weniger erfolgreich war das *Wakashu Kabuki,* in dem Knaben die Frauenrollen übernahmen. 1652 wurde auch dies untersagt, da viele der Schauspielknaben ebenfalls sexuelle Dienste feilboten. So entstand in einer dritten Phase das klassische Kabuki, wie wir es kennen. Weil dabei auch die Frauenrollen von erwachsenen Männern *(Yarō)* zu spielen sind, wird es *Yarō Kabuki* genannt. Bald entwickelte sich die typische Bühnenform mit dem *Hanamichi* (Blumenweg), einem von der Bühne in den Zuschauerraum laufenden Steg, der den Schauspielern für dramatische Auftritte und Abgänge dient. Bereits im 17. Jahrhundert bildeten sich viele der großen Schauspielerfamilien, aus denen bis heute die meisten Kabuki-Spieler hervorgegangen sind. Sie werden von Kind an ausgebildet. Fehlt geeigneter Nachwuchs, wird adoptiert.

Klassisches Yarō Kabuki

Schauspielerfamilien

Oft schrieben die Schauspieler ihre Stücke selbst oder adaptierten sie aus dem Repertoire von ▶ *Nō* und ▶ *Bunraku.* Chikamatsu Monzaemon (1653–1724) war der erste bedeutende Dramatiker, der hauptberuflich Theatertexte verfasste. Man unterscheidet drei Typen von Kabuki-Dramen: In den Stücken aus dem bürgerlichen Leben *(Sewa-mono)* geht es um Konflikte zwischen sozialer Verpflichtung *(Giri)* und natürlichen Gefühlen *(Ninjō).* Eine zweite Kategorie sind zeitgeschichtliche und historische Stücke *(Jidai-mono),* wobei oft Ort, Zeit und Namen verändert werden mussten, um auch nicht den Anschein einer Kritik an der Regierung zu erwecken.

Stücke aus dem bür gerlichen Leben

Historische Stücke

Bekanntestes Beispiel und zugleich Japans berühmtestes Bühnenthema überhaupt ist die Geschichte von den 47 herrenlosen ▶ Samurai, die die Treue zu ihrem – wie sie meinen – zu Unrecht zum Tod verurteilten Herrn nicht ruhen lässt, bis sie den Übeltäter gefunden und erschlagen haben, was sie ihrerseits mit dem Leben büßen müssen. Die dritte Kategorie bilden Tanzstücke *(Shosa-goto).* Besonders beliebt ist die Geschichte von der unglücklichen Liebe der Tänzerin Hanako zu einem Priester.

Tanzstücke

Star-Theater

Kabuki ist Star-Theater. Die Programme werden oft aus berühmten Szenen verschiedener Stücke zusammengestellt, um mehreren Publikumslieblingen Gelegenheit zu geben, ihr Können zu zeigen. Grell bunt geschminkte Gesichter, prächtige Kostüme und ein bald realistisches, bald stilisiertes Bühnenbild bilden den optischen Rahmen. Akustisch wird das Ganze begleitet von Instrumentalmusik – *Shamisen* (dreisaitiges Zupfinstrument), verschiedene Trommeln und Flöten (▶ Musik) –, Gesang und Geräuscheffekten wie dem Zusammenschlagen von Holzklappern *(Hyōshigi).*

▶ Kaiserhaus

Jimmu-tennō

Im November 1940 feierte Japan die 2600. Wiederkehr der Gründung des Kaiserreiches durch Jimmu-tennō, einen Nachkommen der Sonnengöttin Amaterasu-ōmikami (▶ Mythen). Richard Strauss hatte dazu eine Festmusik komponiert! Die Legende von der Reichsgründung entstand im 7. und 8. Jahrhundert und wurde nach der Meiji-Restauration (1868, ▶ Geschichte) wieder belebt, um die neue Regierung zu legitimieren. Später diente sie Nationalisten zur Glorifizierung des japanischen Machtanspruchs in Asien, bis die Kapitulation von 1945 das Kartenhaus zum Einsturz brachte.

Trotzdem wird Kaiser Akihito auch heute noch im Handbuch des kaiserlichen Hofamts als 125. Tennō (»himmlischer Kaiser«) geführt. Das bedeutet, dass nach wie vor Jimmu als Japans erster Kaiser gilt, mit einem guten Dutzend Nachfolgern auf dem Thron, für deren Existenz es ebenfalls keine historischen Beweise gibt. 1966 wurde der früher als fiktives Datum der Reichsgründung *(Kigensetsu)* gefeierte 11. Februar unter der Bezeichnung *Kenkoku Kinen-bi* (Gedenktag der Landesgründung) erneut per Gesetz zum öffentlichen Feiertag erhoben. Kaiser Hirohito, bis 1945 als Shintō-Gottheit verehrt, entsagte am 1. Januar 1946 in seiner so genannten Menschlichkeitserklärung *(Tennō no Ningen-sengen)* der Göttlichkeit des Kaisers: »Die Bande zwischen Uns und Unserem Volk haben immer auf gegenseitigem Vertrauen und Zuneigung beruht. Sie sind nicht auf bloße Legenden und Mythen angewiesen. Sie gründen nicht auf der falschen Vorstellung, dass der Kaiser göttlich und das japanische Volk anderen Rassen überlegen und berufen ist, die Welt zu regieren.«

Ununterbrochene Reihenfolge

Kaiser Hirohito

Zu Lebzeiten des 1989 verstorbenen Kaisers (posthumer Name *Shōwa-tennō,* Kaiser des »Erleuchteten Friedens«) ist nie ernsthaft versucht worden, die Mitverantwortung des Monarchen für die in seinem Namen geführten Eroberungskriege Japans zu klären. Hirohitos ältester Sohn und Thronfolger, Akihito, war bei Kriegsende erst elf Jahre alt. Er und seine Familie verkörpern einen neuen Stil im Kaiserhaus. So ist Akihito der erste Kaiser, der ein reguläres Hochschulstudium absolviert und – als Kronprinz 1959 – eine Bürgerliche geheiratet hat. Kaiserin Michiko, geborene Shōda, ist die Tochter eines Industriellen und hat an einer katholischen Universität studiert. Die zwei haben sich beim Tennisspielen kennen gelernt. Beide spielen westliche Instrumen-

Kaiser Akihito

Kaiserin Michiko

te: der Kaiser Cello, die Kaiserin Harfe und Klavier. Das Kaiserpaar hat seine drei Kinder selbst aufgezogen; Akihito war noch als Dreijähriger von seinen Eltern getrennt und der Obhut von Erziehern anvertraut worden. Die beiden Söhne des Kaiserpaares haben ebenfalls Frauen bürgerlicher Herkunft geheiratet: Kronprinz Naruhito 1993 die frühere Karrierediplomatin Owada Masako, Prinz Fumihito die Professorentochter Kawashima Kiko. Prinzessin Sayako ist unverheiratet. Als erstes Kind des Kronprinzenpaars wurde im Dezember 2001 Prinzessin Aiko geboren. Viele Japaner befürworten seither eine Änderung des Gesetzes über das Kaiserhaus *(= Kōshitsu Tempan)*, damit auch Frauen wieder Tenno werden können. Die Beschränkung der Thronfolge auf die männliche Linie ist ein Nachlass aus der Meiji-Zeit.

Kronprinz Naruhito

Artikel 1 der Nachkriegsverfassung definiert die Stellung des Kaisers als »Symbol des Staates und der Einheit des Volkes«, Artikel 4 nimmt ihm alle Regierungsbefugnisse. Die offizielle Anrede des Kaisers ist *Tennō Heika* (Kaiserliche Majestät) oder einfach *Heika* (Majestät). Die Verwendung des persönlichen Namens ist nicht üblich. Allerdings hat sich für die Kaiserin außer der förmlichen Anrede *Kōgō Heika* (Kaiserliche Majestät) oder *Kōgō-sama* (Frau Kaiserin) auch das vertrauliche »Michiko-sama« eingebürgert; Ähnliches gilt für die Schwiegertöchter. Nach ihrem Ableben werden die Kaiser nach der Devise ihrer Regierungszeit bezeichnet, zugleich beschließt die Regierung auf Empfehlung eines »Rates der Gebildeten« die Devise des neuen Kaisers (▶ Kalender). Akihito wird also posthum *Heisei* (»Frieden schaffender«)-*tennō* heißen. Ob der Tennō Staatsoberhaupt ist, ist umstritten. Im Ausland wird er aber als Japans Staatsoberhaupt behandelt.

Offizielle Anrede

Tennō als Staatsoberhaupt?

Bei der Inthronisation empfängt der Tennō die drei kaiserlichen Insignien Spiegel, Schwert und Kronjuwelen. Seit der Meiji-Zeit (1868–1912) trägt der Kaiser westliche Kleidung. Nur bei Zeremonien mit schintoistischen Wurzeln legt er traditionelle japanische Gewänder an. Akihito z. B. tat dies bei der Beerdigung seines Vaters. Nach Artikel 20 der Verfassung haben sich der Staat und seine Organe »jedweder religiösen Tätigkeit zu enthalten«. Aber wie in alten Zeiten dient eine kaiserliche Prinzessin als oberste Hüterin der Großschreine von Ise (▶ Religion), dem ehrwürdigsten Heiligtum des Schintoismus. Auch fällt es schwer, die Beteiligung des Kaisers an bestimmten Shintō-Riten als reine Privatsache zu betrachten. Das gilt z. B. für das der Thronbesteigung folgende »Fest des Großen Reiskostens« *(Daijō -sai).* Bei diesem nächtlichen Ritual bietet der Kaiser in eigens für diese Zeremonie auf dem Palastgelände errichteten Schreinen der Sonnengöttin Amaterasu neuen Reis aus geweihten Feldern dar und bittet sie und die anderen Shintō-Götter um Frieden und reiche Ernten. Jeden Herbst opfert der Kaiser der Sonnengöttin im Palastschrein neuen Reis. Dieses schintoistische Erntedankfest heißt *Shinjō-sai* oder *Niiname-matsuri.* Reisriten sind seit alters untrennbar mit Schintoismus und Kaiserhaus verbunden. Kaiser Akihito führt auch die von seinem Vater begonnene Übung fort, jedes Frühjahr auf dem Palastgelände einige Reissetzlinge zu pflanzen.

Shintō-Riten

Reisriten

Keinen religiösen Bezug, aber eine Tradition, die bis in die Heian-Zeit (ab 794) reicht, haben kaiserliche Gedichtlesungen zu Beginn des neuen Jahres *(Shinnen Utakai-hajime).* Dabei werden im Kaiserpalast Kurzgedichte (*Tan-ka,* ▶ Dichtung) über ein vom Kaiser gewähltes Thema rezitiert. Wappenblume des Kaiserhauses ist die Chrysantheme (▶ Pflanzen).

Kaiserliche Gedicht-lesungen

Kalender

2002 ist in Japan zugleich das Jahr 14 der Heisei-Zeit, die mit dem Wechsel von Kaiser Hirohito (posthumer Name Shōwa-tennō) zu Akihito (▶ Kaiserhaus) begonnen hat. Hirohitos Todesjahr 1989 war sowohl das letzte (64.) Jahr der Shōwa-Zeit wie auch das erste Jahr der Heisei-Zeit. Der Brauch, einer Ära einen Namen zu geben und danach die Jahre zu zählen, wurde im 7. Jahrhundert von China übernommen, hat sich aber nur in Japan erhalten. Der Name ist programmatisches Leitmotiv. Japans erste Regierungsdevise – für die Jahre 645 bis 650 – hieß *Taika* (»Großer Wandel«). *Shōwa* (1926 bis 1989) bedeutet »Erleuchteter Friede«. *Heisei* (ab 1989) lässt sich etwa mit »Frieden schaffen« übersetzen. Die Regierungsdevisen (*Nengō,* wörtlich Jahresdevisen) werden bei einem Wechsel auf dem Thron beschlossen und gelten bis zum Tod des neuen Kaisers. Jedes angefangene Jahr wird gesondert gezählt, woraus sich eine Differenz zur westlichen Zählung ergibt.

Regierungsdevisen

Der westliche Kalender wurde 1872 im Zuge der Meiji-Reformen eingeführt. Er löste einen auf dem chinesischen System basierenden Mondkalender ab, der heute nur noch bei religiösen Festen, im Bauernkalender und bei manchen jahreszeitlichen Feiertagen (▶ Feste und Feiertage) eine Rolle spielt. Den japanischen Behörden ist die Verwendung der Regierungsdevisen gesetzlich vorgeschrieben. Bürgern und privaten Organisationen bleibt es freigestellt, welche Zählweise sie benutzen wollen. Oft stehen beide nebeneinander. Datumsangaben beginnen in Japan mit dem Jahr, es folgen Monat und Tag. Das staatliche Fiskaljahr beginnt am 1. April. Danach richten sich auch Schulen, Universitäten und die meisten Unternehmen und Verbände. Statistischen Erhebungen liegt oft das Fiskaljahr zu-

Westlicher Kalender

Staatliches Fiskaljahr

grunde, sodass viele japanische Jahresdaten mit ausländischen Jahresstatistiken nicht direkt vergleichbar sind. Der Zusatz *-nen* zur Jahreszahl bezeichnet das Kalenderjahr, *-nendo* das Fiskaljahr.

Kampfsportarten

◀

Seit den 1950er Jahren unseres Jahrhunderts haben asiatische, vor allem japanische Kampfsporttechniken Europa erobert. Viele dieser Techniken gehen auf die Kampfkünste des mittelalterlichen Kriegerstandes der ▶ Samurai zurück. Manche haben auch religiöse Bezüge.

Sumō-Ringkampf

Japans ältester Kampfsport ist der *Sumō*-Ringkampf; der Mythensammlung *Koji-ki* von 712 (▶ Literatur) zufolge haben die Götter ihren Streit um den Besitz der japanischen Inseln mit einem Sumō-Kampf entschieden. Der Sumō-Sport in seiner heutigen Form hat sich in der Edo-Zeit herausgebildet. Auch Schreine veranstalten Sumō-Riten, wobei der Priester im Alleingang gegen einen unsichtbaren – göttlichen – Gegner antritt. An diese religiöse Seite erinnern das schintoistische Dach über dem Sumō-Ring und die Reinigungsrituale vor Kampfbeginn: Die Ringer spülen ihren Mund mit Wasser aus und streuen Salz in den Ring. Profi-Ringer wiegen mindestens 90 kg, den Gewichtsrekord hält der aus Hawaii stammende Konishiki mit fast fünfeinhalb Zentnern Lebendgewicht! Aus Hawaii kommt auch der erste Ausländer, dem der höchste Sumō-Rang eines Yokozuna (Großmeister) verliehen wurde: Akebono misst über zwei Meter. Aber wichtiger als Körpergröße und -gewicht sind starke Hüften, stämmige Beine und Schnelligkeit. Ziel des Kampfes ist es, den Gegner zu Boden zu werfen oder aus dem Ring zu drängen. Dabei wird die Leibesfülle wie eine Waffe eingesetzt.

Je schwerer, desto besser

Akebono

Sumō-Ringer sind »Mastmenschen«: Zweimal täglich verzehren sie mit viel Reis ein kalorienreiches Eintopfgericht, *Chanko-nabe,* aus Fisch oder Fleisch, Gemüse und Tōfu. Die üppige Kost verursacht Herz- und Kreislaufbeschwerden, manche der Schwergewichtigen sterben früh. Andere betreiben auf ihre alten Tage Sumō-Schulen oder Sumō-Lokale.

Hauptsache Kalorien

Im Mittelalter lernte ein Samurai mindestens zwei Kriegskünste *(Bu-jutsu),* wie Schwertkampf, Bogenschießen oder Speerwerfen, Reiten, Schwimmen oder den Kampf ohne Waffen, *Jū-jutsu.* Das Schwergewicht lag bei der technischen Ausbildung; *Jutsu* bedeutet Kunstfertigkeit, Technik. Ziel des Schwertkampfes, *Ken-jutsu,* war es damals, Kopf oder Leib des Gegners mit einem einzigen Hieb zu spalten. Beim heutigen *Ken-dō* wird mit Bambusschwertern gefochten, der Kopf ist durch einen Gitterhelm geschützt. Das Bogenschießen *(Kyū-jutsu)* verlor mit dem Aufkommen der Feuerwaffen im 16. Jahrhundert seine kriegerische Bedeutung. Aber

Kriegskünste der Samurai

Ziel des Sumō-Kampfes ist es, den Gegner auf den Boden zu werfen oder aus dem Ring zu drängen

als Kraft- und Konzentrationsübung erfreut es sich in der modernen Form des *Kyū-dō* großer Beliebtheit, auch bei jungen Frauen. Manche Schreine und Tempel veranstalten Neujahrswettbewerbe. Berühmt ist das *Yabusame* (Wettschießen zu Pferde) im Hachiman-Schrein zu Kamakura, eine Tradition aus dem 13. Jahrhundert. Als Stoß- und Hiebwaffe der Fußsoldaten kam im 11. Jahrhundert die *Naginata* auf, eine etwa 2 m lange Lanze mit bis zu 60 cm langer Schwertklinge. Die Naginata war auch die Hauptwaffe der kriegerischen Mönche, die bis zum 16. Jahrhundert ihr Unwesen trieben. Später lernten die Frauen der Samurai den Umgang mit der Naginata zur Selbstverteidigung. Seit der Meiji-Zeit wird Naginata als Kampfsport für Frauen praktiziert. Hierbei werden kürzere Lanzen und Bambusattrappen als Klinge benutzt.

Neujahrswettbewerbe

In der friedvollen Edo-Zeit waren die Kriegskünste der Samurai nicht mehr gefragt. In der Ausbildung wurde nun die Selbstverteidigung hervorgehoben und gesteigerter Wert auf äußere Form *(Kata)* und Geisteshaltung (*Kokoro,* Herz, oder *Ki,* Geist) gelegt. Angereichert um eine romantisch verklärte Samurai-Ethik, entstand das Konzept des *Bushi-dō* oder »Weg des Kriegers« als Sammelbegriff für alle Kriegskünste (*Bushi* ist ein anderes Wort für Samurai). Seit der Meiji-Zeit hat sich dafür die Kurzform *Bu-dō* eingebürgert. Die Kriegskünste wandelten sich zum Kampfsport, statt bloßer Beherrschung der Technik vermittelte der Lehrer einen Lebensstil, den »Weg«. *Ken-jutsu* wurde in *Ken-dō* umbenannt, *Jū-jutsu* heißt seither *Jū-dō.*

Selbstverteidigung

Kampfsport als Lebensstil

Reine Selbstverteidigung mit einem Minimum an Gewalt kennzeichnet *Aiki-dō,* das aus dem Jū-dō entwickelt wurde. Sein Wesen kommt in dem Satz zum Ausdruck: Nicht töten oder getötet werden, nicht schlagen

Aiki-dō

oder geschlagen werden, nicht treten oder getreten werden. Das aggressivere *Kara-te* (wörtlich: leere Hand) hat übrigens nichts mit der Samurai-Tradition zu tun. Seine Ursprünge liegen in China, vielleicht sogar in Indien. Seine spätere Form als Angriffs- und Verteidigungstechnik fand es in Okinawa, einer Inselgruppe unter chinesischer, später japanischer Oberhoheit, deren Einwohnern das Tragen von Waffen verboten war. Nach Japan gelangte Kara-te erst mit der Annexion der Inseln im späten 19. Jahrhundert.

Kara-te

Hollywood-Filme haben einer Kriegskunst zu Ruhm verholfen, die man modern als Spionage und Sabotage bezeichnen würde: *Nin-jutsu.* Die Ausführenden, die *Ninja,* schlichen sich unbemerkt in feindliche Burgen, kundschafteten die Stärke des Gegners aus, stifteten Verwirrung oder verübten Attentate. Ihre Waffen waren Kletterseile, Wurfmesser oder Sprengsätze, aber auch allerlei Handwerksgerät. Ninja wussten auch, wie man geräuschlos, und ohne Wellen zu schlagen, einen Burggraben durchschwimmt.

Ninja

▶ Karaoke

Japaner sitzen in fröhlicher Runde, mit geröteten Wangen schmettern oder schmachten sie Lieder ins Mikrophon: *Karaoke* ist eine japanische Erfindung, für unfreiwillige Zuhörer nicht gerade ein Ohrenschmaus. *»Kara«* bedeutet »leer«, es ist dasselbe Wort wie bei dem mit »bloßer« Hand betriebenen ▶Kampfsport *Kara-te.* *»Oke«* ist eine Kurzform des japanisierten Fremdworts *Okesutora* (Orchester). Mit »leerem Orchester« ist gemeint, dass die Singstimme zur Begleitmusik fehlt. Es hatte ganz harmlos damit angefangen, dass manche Nachtlokale für sangesfreudige Gäste Mikrophone und Tonbänder mit beliebten Melodien bereitstellten. Spä-

»Leeres Orchester«

ter wurden für die Benutzung des Geräts Gebühren erhoben. Dann kamen Videokassetten und Bildplatten. Da nicht alle Gäste über das Gesinge glücklich waren, entwickelte sich ein neuer Geschäftszweig: das Karaoke-Lokal. Fast die Hälfte der Japaner ist mittlerweile karaokesüchtig, es gibt Tausende von Karaoke-Zentren, die stundenweise Karaoke-Räume vermieten. Längst hat diese Epidemie auch Asien und Amerika erfasst und greift allmählich auf Europa über. Karaoke ist Japans erfolgreichster »Kulturexport«.

Karaoke-Lokal

Kinder

Lauter kleine Prinzen und Prinzessinnen wachsen im Inselstaat auf, für die sich die Eltern aufopfern, die mit Samthandschuhen angefasst und nach Strich und Faden verwöhnt werden. Die Toleranz gegenüber lärmenden und ungezogenen Kindern ist enorm groß:

Kleine Kinder werden verwöhnt und liebevoll betreut

Kindergarten

Die ganz Kleinen können sich fast alles erlauben. Erst im Kindergarten werden sie daran gewöhnt, dass die Welt nicht nur dazu da ist, ihnen ihre Wünsche von den Augen abzulesen. Der Übergang von den paradiesischen Zuständen als Kleinkind in die harte Wettbewerbsgesellschaft des japanischen Bildungssystems (▶ Bildung) erfolgt dann relativ schnell. Der Ernst des Lebens beginnt spätestens mit den Vorbereitungen für die erste Aufnahmeprüfung. Besonders ehrgeizige Eltern treiben ihre Sprösslinge schon im Kindergartenalter zu gesteigerten Leistungen an.

Erste Aufnahmeprüfung

Wer heiratet, sollte Kinder kriegen – diese Regel gilt heute noch –, doch müssen es nicht mehr viele sein. Mindestens eines der Kinder sollte ein Junge sein – am besten das erste –, um den Familiennamen zu erhalten. Aber wer zwei Töchter hat, wird es meist dabei bewenden lassen. Gratulationen zur Geburt eines Sohnes kommen spontan und herzlich. Ist es ein Mädchen, so suchen ältere Japaner bisweilen linkisch nach den rechten Worten, um einen einigermaßen überzeugend klingenden Glückwunsch herauszubringen. Japaner, die nach dem Kriege aufgewachsen sind, machen kaum einen Unterschied, ob das Neugeborene ein Junge oder ein Mädchen ist. Doch meinen viele Eltern immer noch, der Sohn müsse besonders gute Schulen und Universitäten besuchen, während es bei der Tochter genüge, ihr so viel Erziehung zukommen zu lassen, dass sie in gesicherte Verhältnisse heiraten kann.

Mindestens ein Junge

▶ Kirschblüte

»Heute hat die Sakura-Front Japan erreicht.« Diese Meldung wird alljährlich in der zweiten Märzhälfte vom Staatlichen Wetteramt in Tokyo verbreitet. In den folgenden Wochen informieren Presse und Rundfunk täglich über den genauen »Frontverlauf« vom ersten »Brückenkopf« irgendwo im Süden des Inselreichs bis zur »Landung« im hohen Norden Anfang Mai. Die an Kriegsberichte erinnernden Meldungen gelten der friedlichen »Eroberung« Japans durch die Kirschblüte *(Sakura).* Während der Saison ist ein Beamter des Wetteramts dafür abgestellt, die voraussichtlichen und die tatsächlichen Termine der Kirschblüte in den verschiedenen Gegenden Japans zu ermitteln. Bei der Vorhersage stützt das Amt sich auf Vergleichsdaten aus früheren Jahren, die seit 1955 vollständig vorliegen. Zwei Phasen der Kirschblüte werden berücksichtigt, der Tag der 20 %-igen Blüte *(Nibukaika-bi)* und der Tag der vollen Blüte *(Mankai-bi);* dafür reicht es aus, dass etwa 80 % der Knospen aufgeblüht sind. Die meisten japanischen Kirschbäume tragen übrigens nur winzige Früchte. Kirschenessen ist ein Import aus dem Westen.

Termine

Für Japaner liegt der Reiz der Kirschblüte in ihrer vergänglichen Schönheit. Die Blüten halten sich selten länger als zwei Wochen. Wegen dieser Vergänglichkeit galt die Kirschblüte den ▶Samurai als Symbol ihres Ritterstandes: Sie mussten jederzeit bereit sein zu sterben. Der Kult um die Kirschblüte hat Tradition. In Japans ältester Gedichtsammlung, dem *Manyō-shū* (▶Dichtung), werden die Reisen der Kaiserin Jitō zur Kirschblüte von Yoshino besungen; Jitō regierte im 7. Jahrhundert. Seit der Heian-Zeit (794–1192) wurden im Kaiserpalast Kirschblütenfeste gefeiert. Die Kirschblüte, eigentlich *Sakura no Hana,* galt nun als die Blüte *(Hana)* schlechthin. Unter *Hana-mi* (Blütenschau) versteht man seither die meist feuchtfröhlichen Feiern unter blühenden Kirschbäumen. Als *Daigo no Hana-mi* ist das Kirschblütenfest des Feldherrn Toyotomi Hideyoshi vom März 1698 berühmt. Hideyoshi soll dazu

Symbol der Samurai

Kirschblütenfeste

3000 Hofdamen in die Tempelgärten von Daigo eingeladen haben. Mit ähnlichem Aufwand feiert Japans Ministerpräsident alljährlich im April mit 2000 Gästen sein Hana-mi im Tokyoter Shinjuku-Park. Volkstümlicher geht es bei den Hana-mi zu, die Familien, Freunde, Studentengruppen oder Firmenbelegschaften unter Kirschblüten feiern. Man singt und tanzt, isst und trinkt – und hinterlässt am Ende Berge von Abfall.

▶ Kleidung

Einführung der westlichen Kleidung

Kaiser Meiji (1868–1912, ▶Kaiserhaus) und die Führer der Meiji-Reformen machten den Anfang: Als Teil der Modernisierung Japans nach westlichem Muster (▶Geschichte) begannen sie, westliche Kleidung, *Yō-fuku,* zu tragen. Die Beamten wurden in westliche Uniformen oder Zivilanzüge gesteckt. Bald trugen auch die Schüler und Studenten westliche Schul- und Hochschuluniformen. Die Zivilbevölkerung folgte den staatlichen Vorbildern nur zögernd. Immerhin hatten bis zum Ersten Weltkrieg die meisten Männer ihre traditionellen Gewänder, *Wa-fuku,* gegen westliche Hosen, Hemden und Jacken eingetauscht. Bei den Frauen übernahmen die oberen Schichten der Gesellschaft frühzeitig die »westliche Mode«. Die große Masse der Japanerinnen trennte sich jedoch erst nach dem Zweiten Weltkrieg vom *Kimono* als Alltagsgewand.

Heute wird in der Regel westliche Kleidung getragen – und einige japanische Modeschöpfer haben es auf diesem Gebiet zu großem Erfolg gebracht. Bei Hochzeiten, Trauerfeiern, Schreinfesten oder sonstigen feierlichen Anlässen ist es aber weiterhin üblich, traditionelle Gewänder anzulegen. Auch schlüpfen japanische Männer, wenn sie abends von der Arbeit heimkehren, gern in einen gemütlichen Hauskimono. Nicht aus dem japa-

Traditionelle Gewänder

nischen Alltag wegzudenken ist das *Furoshiki,* ein praktisches Allzweckfalttuch, in dem man früher seine Badesachen einwickelte; selbst Beamte tragen ihre Akten oft im Furoshiki umher. **Furoshiki**

Kimono bedeutet Kleidungsstück. Im engeren Sinne ist damit ein einteiliges, körperlanges und vorne offenes Gewand mit weiten, zumeist rechteckig geschnittenen Ärmeln gemeint, das von links nach rechts geschlossen und durch Gürtel, *Obi,* zusammengehalten wird. Es gibt Kimono für Frauen und für Männer. Sie haben das gleiche Grundmuster und werden einheitlich aus einer elf Meter langen und 36 Zentimeter breiten Stoffbahn zusammengenäht. Eine überschüssige Länge wird eingenäht oder unter dem Gürtel »aufgeräumt«. Leichte Sommerkimono sind aus gemusterter Baumwolle und heißen *Yukata.* Sie sind unseren Bademänteln vergleichbar, können aber auch außer Hauses getragen werden, etwa auf dem Weg zum öffentlichen Bad (▶ Badekultur), beim Bummel durch einen Badeort oder zu einem Volksfest in der Nachbarschaft. In der kälteren Jahreszeit trägt man Kimono aus Wolle und dazu meist eine Überjacke *(Haori* oder *Hanten).* Für den Winter gibt es wattierte Kimono *(Wata-ire).* **Kimono** **Yukata**

Förmliche Kimono sind aus Seide. Die männliche Variante ist in dunklen Farben – schwarz, braun, grau oder blau – gehalten. Gelegentlich sieht man auch Männer im weißen Seidenkimono. Der feierlichste Männerkimono ist schwarz, mit dem in Weiß gehaltenen Familienwappen dezent dekoriert und heißt *Mon-tsuki* (»mit Wappen«). Darüber trägt man *Haori* und *Hakama,* eine Art Hosenrock. Die Füße stecken in dunkelfarbigen *Tabi,* Stoffsocken mit abgeteilter großer Zehe, und *Geta* genannten Holzsandalen. Frauenkimono fallen durch die Pracht ihrer Farben und Muster auf. Doch zu einer **Männerkimono** **Tabi und Geta**

Frauenkimono

Trauerfeier legt die Japanerin einen schwarzen Montsuki an. Und ältere Frauen bevorzugen für festliche Anlässe Schwarz oder andere dunkle Farben und weniger auffällige Muster. Kimono mit langen Hängeärmeln, *Furi-sode,* sind jungen unverheirateten Frauen vorbehalten.

Hochzeitskimono

Besonders prächtig ist natürlich der Hochzeitskimono (▶ Hochzeit). Das äußere Gewand *(Uchi-kake)* ist weiß oder knallrot und mit Glück bringenden Symbolen durchwirkt. Darunter trägt die Braut zwei weiße Unterkimono *(Kake-shita).* Über die kunstvolle Hochzeitsfrisur wird eine weiße Haube gestülpt; sie heißt »Hörner-Versteck« *(Tsuno-kakushi)* und soll die Braut vor Eifersucht schützen. Frauen tragen zum Kimono weiße Tabi, ihre mit Lackleder bespannten Sandalen

Zōri

heißen *Zōri.* Zōri und Geta werden durch Riemen gehalten, die zwischen großer und zweiter Zehe beginnen und beide Seiten des Fußrückens überspannen. Während die Männer ihren Kimono mit etwa handbrei-

Yukata und Sandalen – typische Kleidungsstücke im Ryōkan – sind in den Badeorten auch auf der Straße salonfähig

ten Gürteln zubinden, ist der Obi beim festlichen Frauenkimono breit wie eine Schärpe und oft aus kostbarer Brokatseide gefertigt. Allein so ein Obi kann mehrere tausend Mark kosten. Den viele Meter langen Obi richtig zu wickeln und mit Untergürteln und Ziehschnüren festzubinden, ist ohne Hilfe kaum zu bewältigen. Hochzeitskleidung wird meist gemietet, einschließlich geschulten Ankleidepersonals. Seit der Märchenhochzeit von Kronprinz Naruhito mit der Berufsdiplomatin Owada Masako im Sommer 1993 bieten manche Hochzeitshallen Trauungen in höfischen Gewändern im Stil der Heian-Zeit (794–1192) an. Masakos Brautgewand war ein *Jūni-hitoe* und bestand einschließlich der Unterkleidung aus mindestens zehn Schichten. Der Kronprinz trug ein ebenfalls mehrschichtiges *Sokutai.*

Obi

Märchenhochzeit

Klima

◀

Das japanische Inselreich erstreckt sich über mehr als 3000 Kilometer und 25 Breitengrade – vom 20. bis zum 45. Grad nördlicher Breite –, vom subtropischen Südwesten bis zum sibirisch kalten Nordosten. Es gibt vier Jahreszeiten, allerdings fällt auf den Südinseln der Provinz Okinawa der Winter aus. Im Rest des Landes sind die Winter aufgrund kontinentaler Polarluft aus Sibirien kälter, als es der Breitenlage entspricht. Der meiste Schnee fällt auf der dem asiatischen Festland zugewandten »Rückseite« Japans, auch *Yuki-guni* (Schneeland) genannt. Die Sommer sind – mit Ausnahme der höheren Berglagen – heiß und schwül. Einer mehrwöchigen Regenzeit im Juni/Juli folgt die erst im Oktober ausklingende Taifunsaison: Heftige Regenstürme kommen von Südwesten her und richten oft beträchtlichen Schaden an. Der Frühling mit seiner ▶Kirschblüte und der Herbst mit der prächtigen Laubfärbung (▶Pflan-

Große Nord-Süd-Ausdehnung

Taifune

zen) sind die schönsten Jahreszeiten. An der Pazifikküste lässt es sich auch im milden Winter unter oft strahlend blauem Himmel gut leben.

Leichte Häuser, solide Dächer

Japanische Häuser wurden früher leicht und luftig gebaut, Durchzug sollte die schwüle Sommerhitze lindern. Nur die Dächer waren solide und festgefügt, damit sie vom Taifun nicht weggeblasen werden oder unter der Last des mancherorts meterhohen Schnees einstürzen konnten; im »Schneeland« baute man zusätzliche Stützbalken ein. Schutz gegen die Winterkälte boten diese Häuser allerdings nur unzureichend; man behalf sich mit kleinen Öfen und dicker Kleidung. Heute bestimmt die moderne Fertigbauweise die Wohnverhältnisse, Kälte und Wärme werden durch Klimaanlagen reguliert.

Kriminalität

Der Giftanschlag auf die Tokyoter U-Bahn vom 20. März 1995 – 12 Menschen starben, über 5500 erlitten Gasvergiftungen – hat den Japanern die Verwundbarkeit ihrer Städte vor Augen geführt und ihnen die Illusion genommen, Japan sei gegen große Terrorakte gefeit.

Terrorakte der Aum-Sekte

Dass die Aum-Sekte auch für einen Gasanschlag im Juni 1994 in der Provinzstadt Matsumoto (sieben Tote, rund 270 Verletzte) und eine Vielzahl anderer Gewaltakte verantwortlich war, stellte sich erst im Laufe der Ermittlungen heraus. Unter dem Deckmantel einer Religionsgemeinschaft hatte die Sekte fast ungestört in ihrem Hauptquartier am Fuß des Fuji einen von der Außenwelt hermetisch abgeriegelten »Verbrechensstaat im Staate« aufgebaut. Sektenguru Asahara Shōkō (bürgerlich Matsumoto Chizuo) und seine Führungsriege müssen sich wegen Mordverdachts und anderer Delikte vor Gericht verantworten.

Die allgemeine Kriminalität ist in Japan sehr viel geringer als in anderen hoch entwickelten Industrieländern. Das bestätigt auch eine Studie über Kriminalität und ihre Bekämpfung in Japan, die 1991 von den Strafrechtsprofessoren Dr. Hans Heiner Kühne von der Universität Trier und Dr. Miyazawa Kōichi von der Keiō-Universität in Tokyo veröffentlicht wurde. Die Einbindung der Japaner in Familie, Belegschaft oder Nachbarschaft wirke »stark kriminalitätshemmend«, zugleich sorge der Gruppengeist dafür, dass Delikte intern geregelt werden. Das geringe Risiko, auf öffentlichen Straßen und Plätzen Opfer von Gewaltverbrechen zu werden, sei zu »bewundern«. Doch steht dem nach Meinung der Autoren die »Allgegenwart des organisierten Verbrechens« gegenüber. Die Gewalttaten der Organisierten geschehen zwar überwiegend untereinander, die Bevölkerung sei dennoch betroffen.

Niedrige Kriminalitätsrate

Der Polizei sind fast 80 000 *Yakuza* bekannt. So nennt man die Mitglieder der Unterweltsbanden. Zwei Drittel der Yakuza gehören einem der drei großen Verbrechersyndikate *(Yamaguchi-gumi, Inagawa-kai* und *Sumiyoshi-kai)* an. Nach Schätzungen der Polizei »verdienen« die Yakuza ihr Geld hauptsächlich durch das Handeln mit Aufputschmitteln, mit Glücksspielen und Wetten, Schutzgelderpressung und durch Einmischung in Zivilrechtsangelegenheiten *(Mimbō).*

Yakuza

Das Gefühl von Sicherheit, mit dem Japaner selbst in Großstädten leben, lässt sie unvorsichtig, manchmal geradezu leichtsinnig werden. Sie tragen oft viel Bargeld mit sich, lassen Handtaschen oder wertvolles Gepäck unbeaufsichtigt herumstehen. Das hat japanische Touristen zur bevorzugten Zielgruppe professioneller Taschendiebe gemacht und bewaffnete Diebesbanden nach Japan gelockt. Sie suchen sich ihre Opfer auf

Professionelle Taschendiebe

Bahnhöfen oder in den überfüllten Zügen während des Berufsverkehrs. Wer sich wehrt oder helfend eingreifen will, wird niedergestochen. Meist können die Täter im Menschengewühl entkommen.

▶ Kultur

Auf alten Fotos aus der Meiji-Zeit (1868–1912) kann man Japaner im *Kimono* mit englischem Bowler Hat und westlichen Schuhen sehen. Wer durch eine japanische Wohnsiedlung spaziert, wird wahrscheinlich aus einem der Häuser vertraute Klavierklänge hören: Jemand übt Beethoven oder Chopin. Dass die Helden der

Moderne Massenkultur

modernen Massenkultur, von den Beatles und Elvis Presley bis zu Andy Warhol oder Steven Spielberg, auch in Japan eine große Gemeinde von Bewunderern und viele Nachahmer haben, versteht sich von selbst: Kul-

Kulturimporte aus Asien, Europa und Amerika

turimporte aus Europa und Amerika sind nur das jüngste Glied in einer langen Kette ähnlicher Strömungen, die bis zum 16. Jahrhundert allerdings vorwiegend aus Asien kamen. Was an der japanischen Kultur ist also japanisch? Zunächst einmal das, was die Japaner aus den Importen gemacht haben: von der Beherrschung des Fremden über seine Anpassung an eigene Bedingungen und Bedürfnisse bis zur Weiterentwicklung nach eigenen Vorstellungen. Irgendwann im Laufe dieser Prozesse erhalten die Importe ihren spezifisch japanischen Charakter, der so im Herkunftsland nicht anzutreffen ist. Von den Japanern wird ein solcher Import nun nicht mehr als etwas Fremdes angesehen – er wird Bestandteil der eigenen Kultur *(Bunka).* Da nicht einmal die Herkunft der Japaner hinreichend geklärt ist (▶ Bevölkerung) und die vor- und frühgeschichtlichen Quellen nur bruchstückhaft sind (▶ Geschichte), lassen sich keine zuverlässigen Aussagen über den Ursprung der japanischen Kultur machen. Auch der häufige Ansatz, den Schintoismus (▶Religion) als das Wesen dieser Kultur anzusehen, überzeugt nicht. Denn die Ursprünge des Schintoismus liegen ebenfalls im dunkeln, wesentliche Elemente stammen möglicherweise aus Korea. Man begnüge sich also damit, die japanische Kultur als die Gesamtheit ihrer wahrnehmbaren Erscheinungen zu begreifen. Das ist auch deshalb einleuchtend, weil Japan immer wieder eine große Integrationskraft gegenüber fremden Einflüssen gezeigt hat, wobei ein stark ausgeprägter Sinn für Formgebung hilfreich ist. Natürlich schließt das nicht Bemühungen aus, die Herkunft einzelner Kulturelemente zu identifizieren, soweit das kulturgeschichtlich möglich ist. Dabei sollte man sich jedoch vor groben Vereinfachungen hüten. Der Buddhismus (▶Religion) ist aus China nach Japan gelangt, stammt aber ursprünglich aus Indien, und seine frühen Überbringer waren vermutlich Koreaner. Auf seiner tausendjährigen Reise von Indien nach Japan hat er mannigfache Veränderungen erlebt. Natürlich sind zu den indischen, chinesischen und koreanischen Elementen in Japan auch japanische hinzugekommen. Japans Großstädte werden von Ausländern oft als »amerikanisiert« bezeichnet. Aber sind Hochhäuser und Verkehrsampeln »amerikanisch« oder nur »modern«? Sind Autos etwa »deutsch« oder Lokomotiven »englisch«, weil die ersten brauchbaren Exemplare von Deutschen oder Engländern erfunden wurden?

Schintoismus

Buddhismus

»Amerikanisierte« Großstädte

Kunst und Kunsthandwerk

◀

Böse Zungen behaupten, japanische Gegenwartskunst sei überwiegend Kunstgewerbe. Andererseits erzielen Kunsthandwerker in Japan Preise, um die sie viele Künstler beneiden. Die Baumeister der alten Tempel und Schreine, Burgen und Schlösser (▶Architektur) sind meist unbekannt. Die Entwicklung der ▶Malerei lässt sich seit dem Mittelalter an Hand der verschiedenen Malschulen gut verfolgen. Manche Meister der Keramik und der Volkskunst *(Mingei)* sind zweifellos Künstler. Ein Grenzfall ist die Plastik. Die Bildhauer der meisten buddhistischen Skulpturen sind anonym geblieben. Die ältesten identifizierbaren Plastiken waren Arbeiten von Einwanderern aus China und Korea. Als die ersten großen japanischen Bildhauer gelten Jōchō (gest. 1057) und dessen Schüler Chōsei (1010–1091), von denen bedeutende Werke in Uji und Kyōto erhalten sind. In Nara haben die Meister der Kei-Schule gewirkt, deren größter, Unkei (gest. 1223), die riesigen Wächterfiguren des Tōdai-Tempels geschnitzt hat: Ihre muskulösen Leiber, Furcht erregenden Grimassen und feindseligen Blicke aus eingesetzten Bergkristallaugen sind typisch für den Realismus der Kamakura-Zeit. Eine modern anmutende Lebendigkeit zeichnet die Skulpturen von Göttern und Heiligen, Menschen und Tieren des ungewöhnlich produktiven Wanderpriesters Enkū (1632–1695) aus, von dem fast 7000 Schnitzfiguren erhalten sind. Als urwüchsiger Volkskünstler wirkte Mokujiki Gogyō alias Myōman (1718–1810), der über 1000 buddhistische Statuen voll menschlicher Wärme, Humor und Frömmigkeit hinterlassen hat.

Plastik

Schule von Nara

Realismus der Kamakurazeit

Der Begriff Kunsthandwerk wird in Japan weiter gefasst als bei uns: Es reicht von Souvenirs und Gebrauchsartikeln über Sammelobjekte wie *Netsuke* – Miniaturschnitzereien aus Holz oder Elfenbein – bis zu den Utensilien der ▶Teezeremonie. Zum herkömmlichen Kunstbegriff *Bijutsu* entwickelte sich der Begriff *Mingei,* der alles bezeichnet, was schlicht und haltbar ist und von anonymen, in der Lokaltradition wurzelnden Hand-

Bijutsu und Mingei

werkern in größerer Stückzahl preiswert hergestellt wird. Zur Selbstverwirklichung angefertigte Einzelstücke fallen unter Kunst.

Keramik

Seit alters übten koreanische Töpfer starken Einfluss auf die Entwicklung der Keramik in Japan aus, die schon im 17. Jahrhundert nach Europa gelangt ist und dort das Dekor der Delfter und Meißener Porzellanmanufakturen beeinflusst hat. Ein Koreaner begründete auch – 1616 in Arita – die Herstellung von weißem Porzellan in Japan. Arita gehört heute noch zu den führenden Marken Japans. Bis zum Vormarsch des Porzellans gab es allein die rustikale Keramik aus dunkler Tonerde.

Lackarbeiten

Schon vor 4000 Jahren benutzten die Japaner Lack, *Urushi,* wie Ausgrabungen ergeben haben. Lackgefäße *(Shikki)* werden seit dem 17. Jahrhundert nach Europa exportiert. Die in Japan entwickelte Technik des *Maki-e* (»Streubild«), bei der Lackmalerei mit Gold- und Silberstaub angereichert wird, gilt zu Recht als Inbegriff

Künstler in seinem üppig ausgestatteten Atelier

höchster japanischer Handwerkskunst. Statt Farben aufzutragen, lassen sich auch Perlmutt, Elfenbein, edle Steine, Korallen, Gold- oder Silberfolie in den feuchten Lack einlegen. Aufwändig ist die Lackschnitzerei *(Tsuishu),* weil das Material erst durch Aufeinanderschichten vieler Lagen Lack gewonnen werden muss. Einfacher und preiswerter ist es, Holz zu schnitzen und mit Lack zu überziehen, wie das beim *Kamakura-bori* geschieht.

Lackschnitzerei

Bambus

Aus Kunst und Handwerk Japans ist Bambus, *Take,* nicht wegzudenken. Die verholzten »Halme« der bis zu 20 Meter hohen »Gräser« sind ein wichtiges Grundmaterial. Kunstvolle Schalen oder Vasen, Alltagsgerät von Essstäbchen bis zum Gartenzaun, sogar Musikinstrumente wie die *Shakuhachi* (Bambusflöte) werden daraus gefertigt. Die bis ins 19. Jahrhundert hinein weitverbreitete Handwebtechnik überlebt noch in einigen ländlichen Gegenden, etwa in Okinawa bei der Herstellung von *Bingata*-Stoffen. Handgeschöpftes Japanpapier *(Wa-shi)* hat sich neben der Papierindustrie behaupten können. Traditionelles Spielzeug, Puppen und Souvenirs mit Lokalkolorit werden aus Papiermaché *(Hariko)* oder Ton geformt, aus Holz geschnitzt oder gedreht und bunt bemalt. Wie in alten Zeiten zieren Bilder von Helden und Heiligen, groteske Figuren oder Tiere die Papierlaternen der Volksfeste und die beliebten Papierdrachen. Und gemusterte Wasserkessel aus Gusseisen *(Tetsubin)* sind immer noch gefragt.

Japanpapier

Japanische Ästhetik

... es ist so weit gekommen, daß man Lackwaren geradezu als bäurisch und geschmacklos ansieht. Liegt ein Grund dafür nicht etwa in der »Helligkeit«, die uns die neuen Beleuchtungseinrichtungen beschert haben? ... die Oberfläche der seit alters gebräuchlichen Lacke ist schwarz, braun oder rot; es sind Farben, in denen sich »Dunkelheit« in mehreren Schichten abgelagert hat und die, so darf man annehmen, notwendigerweise aus dem Dunkel ihrer Umgebung heraus entstanden sind. Mit luxuriösen Lackmalereien versehene, hellglänzende, wachsüberzogene Toilettenkästen, Schreibpulte, Regale mögen zwar tatsächlich grell, ruhelos, ja sogar vulgär wirken; aber man tauche einmal den Raum in ihrer Umgebung in pechschwarze Dunkelheit und lasse anstelle des Sonnenlichts oder des elektrischen Lichts das Licht einer einzigen Altarlampe oder Kerze aufscheinen – so werden diese grellen Gegenstände alsbald eine Qualität von Tiefe, Schlichtheit und Würde annehmen. Ohne Zweifel hatten die Kunsthandwerker früherer Zeiten, wenn sie Geräte lackierten und mit Malereien versahen, solche dunklen Räume im Sinn und wollten eine Wirkung im Rahmen solch spärlicher Beleuchtung erzielen; und auch wenn sie reichlich Goldfarbe verwendeten, so bedachten sie sehr wohl, in welchem Grad das Gold im Dämmerlicht hervortreten und den Lampenschein reflektieren würde. Das heißt, eine Lackmalerei in Gold soll nicht an einem hellen Ort mit einem Blick als Gesamtheit überschaut werden, sondern sie ist so beschaffen, daß man an einem dunklen Ort von Zeit zu Zeit den einen und dann wieder den andern Teil tiefgründig aufleuchten sieht. Gerade die Tatsache, daß die prunkvoll-üppigen Muster größtenteils im Dunkel verborgen bleiben, erzeugt eine unaussprechliche Resonanz.

Aus: Tanizaki Jun'ichiro, »Lob des Schattens. Entwurf einer japanischen Ästhetik«, Manesse Verlag, Zürich 1987.

Lebenseinstellung

Der Mensch sei ein »geselliges Tier« *(Zóon politikón)*, hat Aristoteles gesagt. Dem Wort des griechischen Philosophen entspricht das Lebensgefühl der Japaner. Allein ist der Mensch einsam und hilflos. Erst in Gesellschaft, in der Gruppe, blüht er auf, findet Erfüllung und Schutz. Wichtigste Gruppe ist die ▶Familie. Sie ist Schicksalsgemeinschaft von der Geburt bis zum Tod. Wenn Eltern am Leben verzweifeln, nehmen sie oft ihre Kinder mit in den Tod. Die Vorstellung, Kinder könnten ohne die Familie ein glückliches Leben führen, ist ihnen fremd. Der Gedanke, damit jungen Menschen die Chance auf eigenes Glück abzuschneiden, kommt ihnen nicht. Weitere Gruppenbeziehungen bauen Japaner in der Nachbarschaft, in Schule und Universität, am Arbeitsplatz, in einer Religionsgemeinschaft, einem Sportverein oder Hobbyklub auf. Das Aufgehen in der Gruppe, das Gefühl dazuzugehören, verschafft Geborgenheit und innere Sicherheit. Von der Gruppe gemieden oder ausgeschlossen zu werden, wird als schwere Strafe, als existenzielle Bedrohung empfunden.

Familie

Aufgehen in der Gruppe

Bis zur Abwanderung der Landbevölkerung in die Städte nach 1945 folgte der Bedeutung der Familienbande die Einbindung in die Dorfgemeinschaft. Heute ist die Zugehörigkeit zur Schul- oder Universitätsgemeinschaft die nächstwichtige, sie wird das ganze Leben lang gepflegt, jedoch mit Beginn des Berufslebens von dem Beziehungsnetz am Arbeitsplatz überlagert. Berufsanfänger erwarten auch bei privaten Arbeitgebern, für die Dauer des gesamten regulären Berufslebens eingestellt zu werden – man könnte sie als »Betriebsbeamte« bezeichnen. Die Arbeitgeber umschreiben ihr Verhältnis zu den Mitarbeitern gern in Familienbegriffen und wollen damit die Bindung an den

Beziehungsnetz am Arbeitsplatz

Betrieb in die Nähe der Familie rücken (▶Arbeitsleben). Bei Erreichen des Ruhestandsalters folgt aber oft ein böses Erwachen: Mit dem Arbeitsplatz verlieren viele Japaner ihren »Lebensinhalt«, doch die jahrzehntelang vernachlässigten Familien empfangen die »Heimkehrer« nicht unbedingt mit offenen Armen (▶Ehe).

Probleme der Einzelgänger

Natürlich gibt es auch Einzelgänger, die sich durch die Gruppe in ihren Entfaltungsmöglichkeiten behindert fühlen. Man begegnet ihnen mit Misstrauen und wartet darauf, dass sie reumütig in den Schoß der Gruppe zurückkehren. Doch ist die Gruppenzugehörigkeit heute nicht mehr so lebensnotwendig wie früher: Durch den Niedergang der Großfamilie (▶Familie) haben sich die familiären Bindungen gelockert, wachsender Wohlstand und der Aufbau des Sozialversicherungswesens haben mehr wirtschaftliche Unabhängigkeit geschaffen. Die größere Bewegungsfreiheit in der anonymen Großstadt, der Einfluss westlicher Filme und Werbung – erst im Kino, später durch das Fernsehen –, aber auch eigene Auslandserfahrungen in Amerika und Europa haben besonders bei jüngeren Japanern den Blick dafür geschärft, wie sehr sie durch die Gruppe gegängelt werden und dass es auch andere Formen des Zusammenlebens gibt.

Einfluss des Westens

Literatur

Koji-ki

Das im Stil einer Geschichtschronik in chinesischer Schrift verfasste *Koji-ki* (Aufzeichnung alter Begebenheiten) von 712 ist die älteste Sammlung von Mythen über die Entstehung Japans: Die phantastischen Erzählungen über den angeblich ersten Kaiser Jimmu-tennō (▶Kaiserhaus) oder die Beschreibungen der Heldentaten und Abenteuer des legendären Prinzen Yamato-takeru haben zwar wenig mit Geschichte zu tun, sind aber eine kraftvoll sprudelnde Quelle der noch stark in mündlicher Überlieferung wurzelnden frühen Erzählkunst Japans. Viel literarisches Material enthält auch das *Nihon-shoki* oder *Nihon-gi* (Chronik Japans) von 720, in seinem historischen Teil die erste echte Landesgeschichte.

Eine lange literarische Tradition haben Japans Frauen. Weltberühmt wurden die Aufzeichnungen und oft ironisch-kritischen Kommentare der kaiserlichen Hofdame *Sei-shōnagon:* das »Kopfkissenbuch«. Als brillanteste unter den schreibenden Frauen der Heian-Zeit gilt *Murasaki-shikibu.* Ihr größtes Werk – und nach Meinung vieler Kenner die bedeutendste Leistung der japanischen Prosadichtung – ist der höfische Liebesroman *Genji-monogatari* (»Geschichten über den Prinzen Genji«); er lieferte den Stoff für zahlreiche ▶ *Nō*- und ▶ *Kabuki*-Stücke, in neuerer Zeit für Film- und Fernsehbearbeitungen, und er wird immer noch fleißig gelesen, auch in Form von *Manga,* den weit verbreiteten Bildgeschichten (▶ Medien).

Kopfkissenbuch

Genji-monogatari

Im 11. Jahrhundert entwickelte sich die historische Erzählung. Japans Heldenepos schlechthin ist das *Heike-monogatari* (»Geschichte des Hauses Taira«), die teils dramatische, teils lyrische Schilderung der mittelalterlichen Machtkämpfe zwischen den großen Familien der Taira (alias Heishi) und Minamoto (alias Genji), die eine ähnlich große Dauerwirkung entfaltet hat wie das Genji-monogatari.

Heike-monogatari

Im Frieden der Edo-Zeit (1603–1867) gedieh der Buchdruck – lange Zeit das Monopol buddhistischer Klöster – zum weltlichen Gewerbe. Die Klassiker aus der Heian-Zeit und dem Mittelalter fanden in gedruckter Form große Verbreitung. Literatur zu lesen und zu schreiben, bislang Privileg der gebildeten Oberschicht,

Buchdruck

geriet auch zur Beschäftigung des städtischen Bürgertums. Die drei literarischen Größen dieser Zeit sind der Haiku-(▶Dichtung)-Dichter *Matsuo Bashō,* der Dramatiker *Chikamatsu Monzaemon* (▶Bunraku, ▶Kabuki) und der Schriftsteller und Dichter *Ihara Saikaku* (1642–1693).

Die Öffnung Japans im 19. Jahrhundert und die Auseinandersetzung mit den Einflüssen aus Europa und Amerika brachten die alte Gesellschaftsordnung ins Wanken. Die beiden bedeutendsten Schriftsteller der Umbruchzeit sind *Natsume Sōseki* und *Mori Ōgai. Sōseki* (1867–1916) betrachtet in seinem satirischen Erstlingswerk *Wagahai wa Neko de aru* (»Ich, der Kater«, 1905) Gesellschaft und Kultur des neuen Japan mit den Augen seiner Hauskatze. Zu den jungen Literaten eines neuen Realismus, die in Sōsekis Haus ein- und ausgingen, gehörte *Akutagawa Ryūnosuke* (1892–1927). Akutagawa beschreibt in *Jigoku-hen* (»Das Höllenbild«, 1918) einen Maler, der seine Modelle foltern lässt, um ihr Leiden realistisch wiederzugeben. Nach Akutagawa, der sich 35-jährig das Leben nahm, ist einer der begehrtesten Literaturpreise Japans benannt.

Natsume Sōseki

Mori Ōgai (1862–1922) hat als junger Militärarzt vier Jahre in Deutschland studiert; seine Berliner Wohnung ist heute als Mori-Ōgai-Gedächtnisstätte hergerichtet. Die von seinen Vorgesetzten erzwungene Beendigung seines Verhältnisses mit einer Deutschen verarbeitete Ōgai zu seiner ersten Novelle, der inzwischen auch verfilmten *Maihime* (»Die Tänzerin«, 1890). Außer Romanen wie die verblüffend moderne *Vita Sexualis* (1909) und Kurzgeschichten, historischen Dokumentationen, Biographien oder gelehrten Abhandlungen schrieb Ōgai auch Lyrik und übersetzte viele deutsche Klassiker ins Japanische, u. a. Goethes »Faust«. Nach der Breite

Mori Ōgai

seiner Interessen, der Vielfalt seines Schaffens und dem Ausmaß seines Einflusses auf Japans Geistesleben und Wissenschaft ist es nicht abwegig, in Ōgai selbst eine Art japanischen Goethe zu sehen.

Tanizaki Jun'ichiro

Im 20. Jahrhundert debütierte *Tanizaki Jun'ichiro* (1886–1965) mit der Novelle *Shisei* (»Die Tätowierung«, 1910). Sein Thema sind die Frauen, genauer gesagt die Suche des Mannes nach sinnlicher Erfüllung, oft in masochistischer Unterwerfung unter die Frau. Als Tanizakis wichtigster Roman gilt *Sasameyuki* (»Feiner Schnee«, 1948; 1985 unter dem Titel »Die Töchter des Hauses Makioka« verfilmt). *Uno Chiyo* (1897–1996) hat ihr unkonventionelles Leben in Romanen und Erzählungen verarbeitet. *Ibuse Masaji* (1898–1993) wurde durch den Roman *Kuroi Ame* (»Schwarzer Regen«, 1966) über den Atombombenabwurf auf Hiroshima und den Überlebenskampf seiner Bürger international bekannt.

Kawabata Yasunari

Japans ersten Nobelpreis für Literatur erhielt 1968 *Kawabata Yasunari* (1899–1972). Als Waisenkind aufgewachsen, schrieb Kawabata über die Einsamkeit und die Vergänglichkeit menschlichen Daseins. 1972 nahm er sich das Leben. Seine Hauptwerke sind *Izu no Odoriko* (»Die Tänzerin von Izu«, 1926), *Yukiguni* (»Schneeland«, 1937/1948), *Sembazuru* (»Tausend Kraniche«, 1951) und *Nemureru Bijo* (»Schlafende Schönheit«, 1961).

Mishima Yukio

Durch einen spektakulären ▶Selbstmord war zwei Jahre früher *Mishima Yukio* (bürgerlicher Name Hiraoka Kimitake, 1925–1970) aus dem Leben geschieden. Zu seinen Meisterromanen zählen *Kamen no Kokuhaku* (»Bekenntnisse einer Maske«, 1949) und *Kinkakuji* (»Der Tempel des goldenen Pavillons«, 1956, ▶Architektur). Mishima schrieb auch Bühnenstücke, darunter *Waga Tomo Hittora* (»Mein Freund Hitler«, 1968).

Mit der weiblichen Psyche und Sexualität beschäftigte sich *Enchi Fumiko* (1905–1986). Auf deutsch erschienen sind ihre Romane *Onna-zaka* (»Der Frauenhügel«, 1957, als »Die Wartejahre«) und *Onna-men* (»Frauenmaske«, 1958, deutsch »Die Dichterin und die Maske«). *Inoue Yasushi* (1907–1991) gewann bereits mit seinem ersten Roman *Tōgyū* (1949, deutsch »Der Stierkampf«) den Akutagawa-Preis; großen Erfolg hatten auch seine historischen Romane.

Enchi Fumiko

Abe Kōbō (1924–1993) wird oft mit Kafka verglichen. Seine Themen waren Entfremdung, Identitätsverlust und Einsamkeit in der Stadt. In *Hako Otoko* (1972, »Der Schachtelmann«) z. B. schildert Abe einen Menschen, der sich einen Pappkarton überstülpt und unerkannt die Konventionen des bürgerlichen Lebens abstreifen kann. *Kōno Taeko* (geb. 1926) erhielt für *Kani* (»Krebse«, 1963) den Akutagawa-Preis. Für Kōno findet Liebe nur in sadomasochistischer Lust Erfüllung. Ihre Frauen wollen keine Mütter sein. *Ōba Minako* (geb. 1930) war als Schülerin bei den Aufräumarbeiten nach dem Atombombenabwurf auf ▶Hiroshima im Einsatz und hat lange in Amerika gelebt. Mit ihrer dort geschriebenen Erzählung *Sambiki no Kani* (»Drei Krebse«, 1969) gewann sie den Akutagawa-Preis. Die Hiroshima-Erfahrung lässt Ōba am Sinn des Lebens zweifeln. *Ariyoshi Sawako* (1931–1984) beschrieb zunächst Frauenschicksale. Später erzielte sie mit aktuellen Themen Millionenauflagen: *Kōkotsu no Hito* (»Die Entrückten«, 1972) weckte Anteilnahme an den Problemen alter Menschen, *Fukugō Osen* (»Komplexe Verschmutzung«, 1975) schärfte das Umweltbewusstsein der Japaner.

Abe Kōbō

Ōba Minako

Ōe Kenzaburō (geb. 1935), einer der angesehensten lebenden Schriftsteller Japans, gewann schon als Student mit der Erzählung *Shiiku* (»Die Züchtung«, 1958)

Ōe Kenzaburō

den Akutagawa-Preis. In seinem bekanntesten Roman *Kojinteki na Taiken* (»Eine persönliche Erfahrung«, 1964) setzt er sich mit dem angeborenen Hirnschaden seines Sohnes auseinander. In *Kōzui wa waga Tamashii ni oyobi* (»Die Flut erreicht meine Seele«, 1973) kritisiert Ōe die mit den Augen eines geistesschwachen Jungen beobachtete Leistungsgesellschaft als aggressiv und zerstörerisch. 1994 erhielt er als zweiter Japaner den Nobelpreis für Literatur.

Endō Shūsaku

Ein Sonderfall ist der Katholik *Endō Shūsaku* (geb. 1923). In seinen Romanen *Shiroi Hito* (»Die Weißen«, 1955) und *Kiiroi Hito* (»Die Gelben«, 1955) zeigte er die Unterschiede im Verständnis von Schuld, Sühne und anderen christlichen Konzepten bei Europäern und Japanern. In *Umi to Dokuyaku* (»Meer und Gift«, 1957), klagte Endō gewissenlose japanische Ärzte an, die im Zweiten Weltkrieg grausame Experimente an Kriegsgefangenen vornahmen. In *Chimmoku* (»Das Schweigen«, 1966) arbeitete er Japans Christenverfolgung auf.

Murakami Haruki

Ein viel beachteter Streit im »Literarischen Quartett« des ZDF um den Roman von *Murakami Haruki* (geb. 1949) hat den vielseitigen japanischen Erfolgsautor auch in Deutschland bekannt gemacht. Umstrittene sexuelle Passagen in »Gefährliche Geliebte« (Originaltitel: *Kokkyō no Minami, Taiyō no Nishi,* wörtlich »Südlich der Grenze, westlich der Sonne«) sind aber vor allem ein Übersetzungsproblem.

Malerei

Bildrollen

Man schaut von oben ins Zimmer hinein, so als hätte ein guter Geist das Dach entfernt, ohne dass die Menschen im Innern etwas davon merken. Viele Szenen früher japanischer Bildrollen, *E-maki,* sind so gestaltet. Das gibt ihnen Spontaneität und auch nach fast tausend

Jahren eine verblüffende Frische. Das klassische Beispiel dieser lyrisch-höfischen Malkunst der Heian-Zeit (794–1192) sind die Illustrationen zum höfischen Liebesroman »Geschichten über den Prinzen Genji« (▶ Literatur) aus dem frühen 12. Jahrhundert. Im 12. Jahrhundert entstanden die berühmten »Tier-Karikaturen« *(Chōjū-giga),* die in Wirklichkeit das Verhalten von Menschen in Gestalt von Hasen, Füchsen, Affen, Fröschen und anderen Tieren karikieren. In der Kamakura-Zeit (1192–1333) entwickelte sich die Bildrollenmalerei hin zu mehr Realismus. Historische und religiöse Bilderzählungen bezogen das Alltagsleben der Menschen und die Natur mit ein.

Tier-Karikaturen

Mit dem *Zen*-Buddhismus (▶ Religion) fand auch die Tuschmalerei *(Suiboku-ga)* nach chinesischen Vorbildern in Japan große Verbreitung. Gegen Ende der Kamakura-Zeit stieg sie zur beherrschenden Gattung der Malerei auf und blieb es bis zur Mitte der Muromachi-Zeit (1338–1573).

Tuschmalerei

Zu den größten Meistern japanischer Tuschmalerei – auch *Sumi-e* genannt und überwiegend einfarbig – gehören die malenden Mönche *Kaō* Ninga (frühes 14. Jh.) und *Sesshū Tōyō* (1420–1506). Sesshūs berühmtestes Werk ist die direkt nach der Natur gemalte Landschaft *»Ama no Hashidate«.*

Die Kalligraphie, *Sho-dō* (»Weg des Schreibens«), arbeitete mit denselben Mitteln wie die einfarbige Tuschmalerei. Chinesen waren die großen Vorbilder der Schriftkunst. Im 9. und 10. Jahrhundert begann mit der Entwicklung eigener Silbenschriften eine neue Phase. Die optische Auflockerung eines Textes durch Einschiebung der eleganten japanischen *Hiragana*-Schrift (▶ Sprache und Schrift) verleiht seither den Kalligraphien Japans ihren eigentümlichen Reiz. Von unver-

Kalligraphie

gleichlicher Leichtigkeit sind manche nur in Hiragana geschriebenen Texte. Unter dem Einfluss des Zen-Buddhismus setzte sich später ein strengerer Schreibstil mit bald kraftvoller, bald sparsamer Pinselführung durch.

Die Azuchi-Momoyama-Zeit des ausgehenden 16. und beginnenden 17. Jahrhunderts war eine sehr schöpferische Epoche weltlicher Malerei. Auf Schiebetüren und -wänden, Falt- und Stellschirmen entstanden großflächige, oft üppige Werke, die der Raumausschmückung und Prachtentfaltung dienten. Bunte Festumzüge auf Gold. Blaue Iris oder rosa Päonien auf Gold. Chinesische Löwen oder kleine Vögel, knorrige Kiefern oder zarte Ahornblätter auf Gold. Frauen im bunten Kimono auf Gold. Die reichliche Verwendung von Blattgold als Hintergrund oder für die Wolken demonstrierte Wohlstand und Macht. Die Kanō- und die Kōrin-Schule gaben den Ton an.

Kanō- und Kōrin-Schule

Im Schatten dieser pompösen Hofmalerei, die von den Epigonen der großen Meister fast bis zum Ende der Edo-Zeit weiterproduziert wurde, entstanden seit dem späten 17. Jahrhundert jene »Bilder der vergänglichen Welt«, *Ukiyo-e,* die dank der preiswerten Vervielfältigungstechnik des Holzdrucks zur japanischen Volkskunst schlechthin gediehen. Die Themen reichten von den Ansichten schöner Frauen aus den Vergnügungsvierteln, Porträts der Kabuki-Schauspieler und Szenen aus dem Alltagsleben der Stadtbevölkerung bis hin zu den unbefangen erotischen »Frühlingsbildern«, *Shunga,* den berühmten Landschaftsserien und exotischen Ausländerdarstellungen des 19. Jahrhunderts. *Hishikawa Moronobu* (gest. 1694) gilt als der Vater des Ukiyo-e. Er war auch der erste, der sogar seine Drucke signierte. Moronobus frühe Bilder stellen Szenen aus

Ukiyo-e

Moronobu

dem Milieu des berühmten Vergnügungsviertels Yoshiwara und des Kabuki-Theaters in Edo (Tokyo) dar. Seine Shun-ga-Buchillustrationen sind von einer beachtlichen Qualität.

Sharaku **Harunobu** **Utamaro** **Hokusai** **Hiroshige**

Als Spezialist für Kabuki-Bilder trat *Sharaku* mit den Schauspielerporträts von 1794/95 hervor. Berühmte Frauenbilder schufen *Suzuki Harunobu* (1725–1770) und *Kitagawa Utamaro* (1753–1806). Natur- und Landschaftsthemen setzten sich als Ukiyo-e erst im 19. Jahrhundert durch. Ihre beiden größten Meister sind *Hokusai* (1760–1849) und *Andō Hiroshige* (1797–1858). Die erste von Hokusais »36 Ansichten des Fuji« *(Fugaku Sanjūrok-kei)* erschien 1823, sein Meisterwerk »100 Ansichten des Fuji« *(Fugaku Hyak-kei)* 1834. Hiroshiges berühmte Werke sind die »53 Stationen des Tōkaidō« *(Tō kaidō Gojūsan-tsugi),* die »100 Sehenswürdigkeiten in Edo« *(Meisho Edo Hyak-kei)* und die erst posthum veröffentlichten »36 Ansichten des Fuji« *(Fuji Sanjūrok-kei).*

Um die Mitte des 18. Jahrhunderts waren *Ukiyo-e* mit westlicher Perspektive populär; man nannte sie *Uki-e.* Gut hundert Jahre später machte man die im Hafen von Yokohama eintreffenden westlichen Ausländer zum Gegenstand grotesk-exotisch anmutender Ukiyo-e; sie hießen *Yokohama-e* (Yokohama-Bilder).

Westliche Einflüsse

Die neuen Einflüsse aus Europa und Amerika haben auch auf die Malerei eingewirkt. Seither ist es üblich, japanische Maler in Anhänger westlicher Maltechniken (*Yō-ga,* westliche Malerei) und solche traditionell-japanischer Richtungen (*Nihon-ga,* japanische Malerei) einzuteilen. Große Namen im Bereich der Nihon-ga sind der Landschaftsmaler *Higashiyama Kaii* (geb. 1908) und der Holzdruck-Graphiker *Munakata Shikō* (1903 bis 1975). Sie haben auch international Anerkennung gefunden.

Medien

Drei Stunden verbringen die Japaner täglich vor dem Bildschirm, an Sonn- und Feiertagen sogar fast vier. Neben der öffentlichen Rundfunkanstalt *Nippon Hōsō Kyōkai (NHK)* gibt es fünf landesweit ausstrahlende private Fernsehsender, die jeweils mit einer der fünf überregionalen Tageszeitungen verbunden sind. Allein von diesen fünf seriösen Blättern werden jeden Morgen zusammen rund 27 Millionen Exemplare verkauft; geringere Auflagen verzeichnen deren Abendausgaben. Noch einmal so viele Käufer findet die Vielzahl lokaler Zeitungen, die Sport- und Sensationspresse. Es gibt auch englischsprachige Zeitungen (Japan Times, Daily Yomiuri, Mainichi Daily News, Asahi Evening News und Nikkei Weekly), allerdings mit bescheidenen Auflagen. Bestimmte Fernsehnachrichten kann man auch mit englischer Übersetzung empfangen. Wer einen Satellitenanschluss hat, bekommt über den Satellitenkanal von NHK Fernsehnachrichten aus aller Welt im Originalton oder in japanischer Übersetzung – aus Deutschland »heute« vom ZDF und die Tagesschau der ARD.

Fernsehen · **Zeitungen**

Die Japaner sind Leseratten, doch ist die Qualität der unzähligen Wochen- und Monatszeitschriften sowie der jährlich rund 40 000 Neuerscheinungen auf dem Buchmarkt höchst unterschiedlich. Fast 40 % der verkauften Zeitschriften und Bücher sind *Manga,* Comics. Die Thematik der Bildgeschichten reicht von Kindermärchen und Heldensagen, Sport- und Liebesgeschichten, ernsthaften Abhandlungen über Geschichte, Wirtschafts- und Wissenschaftsthemen bis hin zu Sex und Gewalt der übelsten Art. Manga sind allgegenwärtig und werden von jung und alt verschlungen. Es gibt Schmutz- und Schund-Manga ebenso wie Kunst-Manga und sogar schon mehrere Manga-Museen.

Zeitschriften · **Comics**

Medizin

In den Grünanlagen des schwäbischen Städtchens Bietigheim steht ein Gedenkstein mit japanischen Schriftzeichen und deutscher Übersetzung: »Japans Medizin hat ihre Wurzeln in Dir, Erwin Bälz.« Der Träger dieses Namens, in Bietigheim geboren, war 1876 im Alter von 27 Jahren dem Ruf der Medizinischen Akademie in Tokyo gefolgt. Bälz blieb als Professor der inneren Medizin mit Unterbrechungen fast dreißig Jahre. Er war einer der Pioniere der modernen westlichen Medizin in Japan, die in der Meiji-Zeit (1868–1912) nach deutschem Vorbild aufgebaut wurde. 1890 wurde Bälz Leibarzt von Kaiser Meiji und Kronprinz Yoshihito, dem späteren Kaiser Taishō.

Pionier der westlichen Medizin

Christliche Missionare hatten im 16. Jahrhundert die westliche Medizin nach Japan gebracht, wo seit dem 7. Jahrhundert fast nur chinesische Medizin *(Kampō)* praktiziert wurde. Nach der Vertreibung der Missionare (▶ Geschichte) waren die Holländer die einzigen Europäer, die – auf der künstlichen Insel Dejima im Hafen von Nagasaki – eine Handelsniederlassung in Japan betreiben durften. Japaner, die westliches Wissen erwerben wollten, lernten Holländisch und betrieben »holländische Studien« *(Rangaku).* Der holländische Arzt Caspar Schambergen, der 1649 nach Nagasaki gekommen war, eröffnete dort Japans erste Chirurgen-Schule. Als der japanische Arzt und berühmte Rangaku-Forscher Sugita Gempaku (1733–1817) der Autopsie einer hingerichteten Japanerin beiwohnte, war er so beeindruckt von der Genauigkeit der Bildtafeln in dem Lehrbuch »Anatomische Tabellen« (1722) des Deutschen Johann Adam Kulmus, dass er beschloss, die ihm vorliegende holländische Fassung zu übersetzen. Die 1774 vollendete japanische Version *(Kaitai Shinsho)* war die

Chinesische Medizin

Holländer

erste Übersetzung eines medizinischen Lehrbuchs aus Europa und erregte großes Aufsehen.

In holländischen Diensten gelangten auch zwei deutsche Ärzte nach Japan, Engelbert Kaempfer im 17. und Franz von Siebold im 19. Jahrhundert (▶ Geschichte). Siebold gründete 1824 bei Nagasaki eine medizinische Internatsschule und lehrte später eine Zeit lang in Edo (Tokyo). Zu Siebolds Schülern gehörte Itō Gemboku (1800–1871), aus dessen Pockenimpfzentrum in Tokyo die Medizinische Akademie hervorging, an der Erwin Bälz wirkte. Diese war Vorläufer der Medizinischen Fakultät der Staatlichen Universität Tokyo. Deutsch war bis 1945 die Sprache der Mediziner in Japan. Auf Krankenkarten älterer Ärzte findet man unter japanischen Schriftzeichen Wörter wie »Blutgerinnsel« oder »Lungenentzündung«. Man schrieb die Krankheitsnamen auf Deutsch, so wie deutsche Ärzte dafür lateinische Begriffe verwenden. Nach 1945 wurde die amerikanische Medizin neues Vorbild. Jüngere Ärzte benutzen englische Fremdwörter.

Deutsch als Medizinersprache

Von chinesischer Medizin ist in der japanischen Arztpraxis wenig übriggeblieben. Sehr beliebt sind chinesische Arzneien, *Kampō-yaku*. Und die Kunst, durch Nadeleinstiche in bestimmte Körperstellen zu heilen – Akupunktur, *O-Hari* (Nadeln) –, liegt in den Händen zugelassener Heilpraktiker.

▶ Militär

Japans Streitkräfte bestehen nur aus Freiwilligen, eine Wehrpflicht gibt es nicht. Die Rüstungsindustrie darf keine Waffen exportieren. Für Verteidigungsausgaben wird nur etwa 1 % des Bruttosozialprodukts aufgewendet – halb so viel wie in Deutschland. Der Anteil des Verteidigungsetats am gesamten Staatshaushalt ist

Verteidigungsetat

ebenfalls wesentlich niedriger als bei uns. Die Wiederaufrüstung erfolgte auf Drängen Amerikas unter dem Eindruck des Koreakriegs (1950–1953). Die Japaner hatten sich ihre (von den Amerikanern entworfene!) Nachkriegsverfassung zu Herzen genommen, in der sie auf den Krieg als souveränes Recht der Nation und auf die Androhung oder Anwendung von Gewalt zur Regelung internationaler Streitigkeiten verzichten.

Sicherheitsvertrag von 1952

Im Sicherheitsvertrag von 1952 garantierte die bisherige Besatzungsmacht USA die Sicherheit Japans und erhielt das Recht, Stützpunkte zu unterhalten und Truppen zu stationieren. Der Vertrag wurde 1960 – trotz heftiger Proteste von Studenten, Sozialisten und Teilen der Gewerkschaften – erneuert. Seit 1970 verlängert er sich automatisch, sofern keine Seite kündigt. Rund 40 000 amerikanische Soldaten sind in Japan stationiert, die meisten Stützpunkte gibt es auf der Insel Okinawa.

Selbstverteidigung

Japans Armee nennt sich mit Rücksicht auf die Verfassungsauslegung *Ji'citai,* Selbstverteidigungstruppe, und hat eine Sollstärke von 266 000 Mann, tatsächlich sind es aber weniger als 240 000. Abgesehen von ländlichen Garnisonen, sind die Soldaten Außenseiter, obwohl die Versorgung der von Beamten ähnelt: Die Streitkräfte erfreuen sich auch in wirtschaftlich schlechten Zeiten keines großen Zulaufes.

Anti-Terror-Gesetz

In Reaktion auf die Terroranschläge vom 11. September 2001 in New York und Washington hat Japan ein Anti-Terror-Gesetz beschlossen. Es gestattet den Streitkräften erstmals seit Ende des Zweiten Weltkriegs, eine Militäraktion der USA im Ausland zu unterstützen, allerdings nur logistisch. Schon im November lief eine japanische Einsatzflotte in Richtung Indischer Ozean aus, und Militärtransporter flogen nach Pakistan. Bisher durften Japans Soldaten nur an Frieden erhaltenden Maßnahmen der Vereinten Nationen teilnehmen. Die Opposition hält den Einsatz für rechts- oder verfassungswidrig, da er über die Selbstverteidigung hinausgehe.

▶ Minderheiten

Gesellschaftlich diskriminiert werden in Japan bestimmte ▶Ausländer, die wenigen Nachkommen der Ureinwohner Nordjapans, der *Ainu* (▶Bevölkerung), die Angehörigen der organisierten Unterwelt (▶Kriminalität) oder *Yakuza* und die *Burakumin,* Abkömmlinge der während der Edo-Zeit (1603–1867) von der Ständeordnung in Krieger, Bauern, Handwerker und Kaufleute *(Shi-Nō-Kō-Shō)* ausgeschlossenen Unterschicht. Mit diesen Gruppen möchte der Durchschnittsjapaner möglichst wenig zu tun haben, besonders nicht, wenn es sich um Schule, Wohnung, Arbeitsplatz und Familie handelt. Offene Diskriminierung ist zwar meistens rechtswidrig, aber natürlich durch Vorschieben anderer Gründe leicht praktizierbar. Wenn ein Vermieter keinen Ausländer in seiner Wohnung haben will, kann er das auch anders formulieren – das Ergebnis wird dasselbe sein! In den Personalabteilungen großer Firmen kursieren geheime Listen, anhand derer unter Bewerbern Angehörige der Burakumin ausgemacht werden, um diese dann mit einer vorgeschobenen Begründung abzulehnen. Auch Detekteien, von besorgten Eltern mit der Durchleuchtung prospektiver Ehepartner ihrer Kinder beauftragt, arbeiten mit solchen Listen.

Diskriminierung

Burakumin

Ein Großteil der Burakumin lebt in so genannten »Integrationsbezirken« *(Dōwa-chiku).* Burakumin bedeutet »Dorfbewohner«, doch werden darunter allein die Abkömmlinge der Bewohner jener Ghettos verstanden, in denen früher die Angehörigen »unreiner« Berufsgruppen und deren Familien leben mussten. Zu diesen *Eta* oder *Hinin* (Nicht-Menschen) gehörten Schlächter, Gerber und Lederverarbeiter, Henker, Gefängniswärter, Wanderkünstler, Wahrsager, Färber, manche Holz- und Bambusverarbeiter, Leichenverbrenner, Grabwächter, Straßenfeger, Bettler, Landstreicher sowie bestimmte Verbrecher. 1871 wurde der Gebrauch der Bezeichnung Eta oder Hinin verboten und durch *Shin-heimin* (Neubürger) ersetzt, ernsthafte Bemühungen zur Ausmerzung der Diskriminierung aber begannen erst nach dem Zweiten Weltkrieg. Eine *Buraku Kaihō Dōmei* (Liga zur Befreiung der Dörfer) bemüht sich um den weiteren Abbau der Diskriminierung. Diesem Ziel dient auch die so genannte Integrationserziehung *(Dōwa-kyōiku)* an öffentlichen Schulen.

Nicht-Menschen

Moralkodex

Händchenhalten oder Küssen in der Öffentlichkeit provoziert kritische oder neugierige Blicke – an ihrem Treiben gehindert werden derlei Frevler wider die japanische Schicklichkeit aber nicht. Das wäre auch merkwürdig in einem Land, das in schintoistischen Fruchtbarkeitsriten ohne große Scham Phallus- oder Vaginaverehrung betreibt (▶ Sexualität). Mit der Nacktheit gehen Japaner recht unbefangen um. In den öffentlichen Badehäusern (▶ Badekultur) wird nackt gebadet – früher sogar ohne Geschlechtertrennung –, und außerhalb des Badebeckens verhüllt man nur das Allernotwendigste. Besonders ältere Frauen und Männer haben da wenige Hemmungen. Beim *Sumō* treten die Ringkämpfer fast nackt auf. Landfrauen pflegten ihren Säuglingen ohne große Umstände die Brust zu geben, auch wenn fremde Leute zuschauen konnten. Und

Unbefangener Umgang mit Nacktheit

wenn sich auch verheiratete Japanerinnen recht zugeknöpft zeigen – junge Frauen tragen gerne gewagte Miniröcke. Film, Fernsehen und Wochenzeitschriften zeigen viel Haut, doch waren Schamhaare lange Zeit tabu. Erst seit 1993 verzichten die öffentlichen Moralhüter darauf, einschlägige Stellen mit Filzstift zu übermalen oder sonst unkenntlich zu machen, sofern es sich nicht um besonders aufreizende Bilder handelt. Seither testen die Medien die Grenzen ihrer neuen Freiheit durch immer neue Nacktaufnahmen von Frauen mit Schamhaar. Für diese Bilder hat sich schon ein fester Begriff herausgebildet: *Hea Nūdo* (vom englischen »hair nude«, Akt mit Haaren). In Stripteaselokalen hatte diese »Schamgrenze« nie wirklich gegolten: Gegen Ende der Show machen manche Tänzerinnen ihre Beine breit und zeigen dem sich neugierig um sie scharenden Männerpublikum interne Muskelspiele.

Öffentliche Moralhüter

Hea Nūdo

Bei der Darstellung von Gewalt haben Japans Sittenwächter es übrigens fast nie für nötig befunden, regu-

An lauen Sommerabenden zieht es die jungen Paare in Kyōto zum Ufer des Kamō

lierend einzugreifen. In Filmen über die Unterwelt, Militär- oder Samuraistreifen wird oft sehr harte Kost geboten. Auf dem Videomarkt und bei den gezeichneten Bildgeschichten, *Manga* (▶ Medien), sind Szenen brutalster Grausamkeit nichts Ungewöhnliches.

Hohe Toleranz der Gewalt

Musik

Alljährlich zum Jahreswechsel, wird Beethovens 9. Sinfonie in Japan ungefähr 150-mal aufgeführt, allein in Tokyo etwa 50-mal. An manchen Aufführungen nehmen Tausende von Sängern teil. Wenn man Japaner nach der *Dai-ku* (Neunten) fragt, weiß fast jeder, was damit gemeint ist. Als Japans erste staatliche Musikakademie 1887 in Tokyo gegründet wurde, sollte sie westliche Musik einführen und verarbeiten. Sie löste diese Aufgabe so perfekt, dass sich ohne Übertreibung sagen läßt: Musik in Japan ist heutzutage in erster Linie westliche Musik. Diese wird nicht mehr als Kulturimport empfunden, sondern als das Eigentliche, während die traditionelle Musik – einschließlich früherer Musikimporte aus Indien, China und Korea – nur noch ein begrenztes Publikum anspricht.

Beethovens Neunte

Wie sehr westliche Musik in Japan verwurzelt ist, zeigt die Vielzahl erfolgreicher Japaner bei Musikwettbewerben in aller Welt oder der Umstand, dass fast jedem europäischen oder amerikanischen Berufsorchester Musiker aus Japan angehören. Viele westliche Spitzenorchester haben japanische Konzertmeister, manche werden von Japanern geleitet. Ozawa Seiji, Wakasugi Hiroshi und Iwaki Hiroyuki gehören zu den Stardirigenten der internationalen Musikszene. Solisten wie die Pianistin Uchida Mitsuko, die Geigerin Gotō Midori oder der Schlagzeuger und Komponist Yamashita Stomu zählen zu den Spitzenmusikern der Welt. Jedes

International erfolgreiche Musiker

Jahr absolvieren Tausende junger Japaner die vielen Musikhochschulen ihres Landes; die Ehrgeizigeren studieren in Europa oder Amerika weiter. Allein Tokyo hat neun Symphonieorchester, dazu viele kleine Ensembles. Japan ist längst eines der bedeutendsten Musikländer der Erde.

Europäische Komponisten

Das Programm japanischer Konzertsäle wird von europäischen Komponisten beherrscht, mit Beethoven an der Spitze, vor Mozart, Tschaikowsky, Brahms, Dvoràk, Haydn, Schubert, Schumann, Berlioz, Mahler, Bruckner und Schostakowitsch, gefolgt von Werken japanischer Komponisten. Warum entschieden sich Japans Politiker vor hundert Jahren für die europäische Musik? Bis zur Meiji-Zeit war es gewöhnlichen Bürgern untersagt, *Gagaku* zu spielen, die vor 1200 Jahren vom Festland eingeführte und noch heute von einem exklusiven Hoforchester gepflegte kaiserliche Hofmusik. Ein ▶Samurai wäre nicht auf den Gedanken gekommen, eine *Shamisen* in die Hand zu nehmen, das dreisaitige Berufsinstrument der ▶Geisha. Die Begleitmusik des ▶Kabuki oder ▶Nō wurde von bestimmten Musikerfamilien monopolisiert, die ihre Kunst nur an leibliche oder adoptierte Kinder (▶Familie) weitergaben. Die moderne Musikerziehung sollte – quasi als ein Instrument der Demokratisierung – die strenge Klassenteilung der alten Feudalgesellschaft überwinden.

Kaiserliche Hofmusik

Die Wiederbelebung der Folklore hat ein neues Interesse an altjapanischen Instrumenten und Tonfolgen geweckt. Die *Shakuhachi* (Bambusblockflöte), mit der früher die Bettelmönche durch Japan zogen, begeistert Jazzfreunde und experimentierfreudige Musiker. Traditionelle Gongs, Mundorgeln oder Holzklopfinstrumente bereichern die Werke moderner Komponisten wie Ichiyanagi Toshi und Takemitsu Tōru. Sie erweitern

Einflüsse altjapanischer Instrumente

auch das Klangangebot moderner Orchester in aller Welt. Der Komponist Ishii Maki hat mit einem Stück für japanische Trommeln und Pauken in Amerika, Europa und Japan Beifallsstürme geerntet. Mayuzumi Toshirō läßt in seiner Nirwana-Sinfonie das Glockengeläut buddhistischer Sutras elektronisch erzeugen. Mayuzumis Oper »*Kinkakuji*« (Goldpavillon) wurde übrigens an der Deutschen Oper Berlin uraufgeführt (1976).

Zeitgenössische Komponisten

Mythen

»In alter Zeit waren Himmel und Erde nicht getrennt und das Negative und das Positive noch nicht geteilt. Sie bildeten eine chaotische Masse wie ein Ei, das an den Rändern undeutlich begrenzt und voller Keime ist. Der reinere und klarere Teil dehnte sich dünn aus und bildete den Himmel, während das schwerere und gröbere Element herabsank und zur Erde wurde. Das feinere Element nahm mit Leichtigkeit eine gemeinsame Gestalt an, aber die Verfestigung des schweren und groben Elements wurde nur mit Mühe erreicht. Daher wurde der Himmel zuerst gebildet, und die Erde wurde erst hinterher geschaffen. Danach erzeugten sie miteinander himmlische Wesen.« So stellt das *Nihon-shoki*, die »Chronik Japans« von 720 (▶ Literatur), den Ursprung der Welt dar.

Nihon-shoki

Die siebte Generation dieser himmlischen Wesen sind der Gott Izanagi und die Göttin Izanami. Die göttlichen Geschwister schauten von der Himmelsbrücke herab und fragten: »Gibt es da unten kein Land?« Sie stocherten mit dem Himmlischen Juwelenspeer im Ozean. Das von der Speerspitze herabtropfende Salzwasser gerann zu einer Insel. Izanagi und Izanami stiegen zu der Insel hinab und beschlossen, Mann und Frau zu werden und weitere Länder zu erzeugen. Am

Izanagi und Izanami

Anfang Japans stand also eine Geschwisterliebe. Das Nihon-shoki beschreibt den Vorgang plastisch und erteilt zugleich eine Lektion in Geschlechterhierarchie:

Geschlechterhierarchie

Nun wandte sich der Gott nach links und die Göttin nach rechts, und sie liefen um die Insel herum. Als sie sich auf der anderen Seite trafen, sagte die Göttin: »Wie erfreulich! Ich habe einen reizenden Jüngling getroffen.« Der Gott war ungehalten und sagte: »Ich bin ein Mann und sollte von Rechts wegen zuerst gesprochen haben. Wie kommt es, dass im Gegenteil du, eine Frau, zuerst gesprochen hast? Das war unheilvoll. Lass uns noch eine Runde machen.« Als die beiden sich wieder begegneten, sprach diesmal der Gott zuerst: »Wie erfreulich! Ich habe eine reizende Maid getroffen.« Dann fragte er die Göttin: »Ist in deinem Körper etwas geformt?« Sie antwortete: »In meinem Körper gibt es eine Stelle, die der Ursprung der Weiblichkeit ist.« Der Gott sagte: »In meinem Körper gibt es eine Stelle, die der Ursprung der Männlichkeit ist. Ich möchte diese Ursprungsstelle meines Körpers mit der Ursprungsstelle deines Körpers vereinigen.« Hierauf vereinigten sich die beiden erstmals als Gatte und Gattin.

Erschaffung der Welt

Izanagi und Izanami waren sehr fleißig. Nach der Überlieferung erzeugten sie Inseln und Berge, Flüsse und Bäume, Kräuter und Blutegel und viele andere Götter. Bei der Geburt des Feuergotts, ihres 35. Kindes, erlitt Izanami schwere Verbrennungen, an denen sie schließlich starb. Der untröstliche Izanagi will sie aus dem Reich der Toten *(Yomi no Kuni)* zurückholen. Doch als er dort ihren eiternden Leib voller Maden sah, flüchtete er entsetzt. In einem Fluss säuberte sich Izanagi von den Verunreinigungen des Totenreichs. Er wusch sich das linke Auge – und Amaterasu-ōmikami, die Sonnengöttin, ward geboren. Er wusch sich das rechte

Auge – und es entstand der Mondgott Tsukiyomi. Er putzte sich die Nase – und erzeugte damit den Sturmgott Susa no O.

Rückzug der Sonnengöttin Amaterasu

Izanagi ernannte die Sonnengöttin zur Himmelsherrscherin, den Mondgott zum Herrscher der Nacht und den Sturmgott zum Beherrscher der Meere. Aber der wilde Sturmgott randalierte und verärgerte seine Schwester so sehr, dass die Sonnengöttin sich in die Himmlische Höhle zurückzog – und die Welt im Dunkel der Nacht versank. Mit allerlei Tricks versuchten die Götter, Amaterasu aus der Höhle hervorzulocken. Doch nichts verfing. Nun vollführte die Göttin Uzume einen wilden Tanz, entblößte im Rausch ihre Brüste und ihre Scham. Die ihr zuschauenden Götter brachen in schallendes Gelächter aus. Das machte Amaterasu neugierig. Sie schaute aus der Höhle heraus. Da hielt man ihr den Achthändigen Spiegel *(Yata no Kagami)* vor. Als sie interessiert hineinsah, ergriffen die anderen Götter sie bei den Händen und zogen sie aus der Höhle heraus – die Welt erstrahlte wieder im Sonnenlicht. Amaterasu erhielt den Spiegel und die Yasaka-Krummjuwelen *(Yasaka no Magatama).*

Verbannung des Sturmgottes Susa no O

Sturmgott Susa no O aber wurde zur Strafe ins irdische Izumo verbannt. Dort kämpfte er mit einem Drachen. Der Sturmgott erschlug das Ungeheuer und entdeckte in dessen Schwanz das Gras mähende Schwert *(Kusanagi no Tsurugi).* Er schenkte es der Sonnengöttin zum Zeichen seiner Unterwerfung. Spiegel, Juwelen und Schwert sind die Insignien des japanischen Kaiserhauses.

Ninigi

Als die Erde befriedet war, beschloss die Sonnengöttin, ihren Sohn hinabzusenden, um das Land zu regieren. Der Sohn aber bat, an seiner Stelle den ihm gerade geborenen Stammhalter Ninigi zu schicken. Amaterasu stattete ihren Enkel mit Spiegel, Juwelen und Schwert aus und schickte ihn mit ausgewählten Begleitern auf die Erde. Ninigi landete auf dem Gipfel des Berges Takachiho (auf der Insel Kyūshū in Südjapan). Ninigis Urenkel Jimmu unternahm einen Eroberungszug nach Yamato und errichtete dort im Jahre 660 v. Chr. ein Reich. Jimmu gilt als Japans erster Kaiser (▶ Kaiserhaus).

Jimmu

Namen und Titel

Familienname zuerst

Ebenso wie in China und Korea steht auch in Japan der Familienname an erster Stelle. Allerdings drehen viele Japaner die Reihenfolge um, wenn sie mit Europäern oder Amerikanern sprechen oder ihre Namen in einer westlichen Sprache schreiben, zum Beispiel auf ihren ▶ Visitenkarten. Das kann für Ausländer verwirrend sein. In diesem Band wird die japanische Reihenfolge beibehalten.

Privileg des Adels

Anders als in China und Korea bestehen japanische Namen nicht aus drei, sondern wie bei uns nur aus zwei Teilen: Familienname und persönlicher Name (der Begriff »Vorname« passt hier nicht). Früher waren Familiennamen ein Privileg des Adels. Seit 1870 durfte, ab 1875 musste sich jedermann einen Familiennamen zulegen. Die meisten Familiennamen bestehen aus zwei chinesischen Schriftzeichen. Die Umschreibung ins westliche Alphabet kann sehr viel länger ausfallen. Die häufigsten Familiennamen sind Satō, Suzuki, Tanaka, Yamamoto und Watanabe. Persönliche Namen müssen binnen 14 Tagen nach der Geburt beim Standesamt gemeldet werden.

Bei der Namensgebung haben japanische Eltern viel Freiheit, solange sie sich an die etwa 2000 Standardschriftzeichen oder die zwei Silbenschriften halten (▶ Sprache und Schrift). In aller Regel wählen japanische aber Eltern Namen, deren Schriftzeichen oder Aussprache Glück, Gesundheit, Stärke, Reichtum, Schönheit oder sonst irgendetwas Positives verheißen. Aus den persönlichen Namen lässt sich meist erkennen, ob es sich um einen Mann oder eine Frau handelt. Wer des Japanischen kundig ist, kann aus dem Namen oft auch ersehen, ob der Namensträger der erste, zweite oder dritte Sohn ist; bei den Töchtern hingegen ist das seltener erkennbar.

Glück verheißende Namen

Bisweilen verwirrend ist die Verwendung der Namen. Als Faustregel gilt, dass bis zur Namensreform von 1870/75 die Benutzung des persönlichen Namens üblich war und sich erst danach der Familienname durchgesetzt hat. Dementsprechend werden historische Figuren bis zur letzten Jahrhundertwende meist mit ihren persönlichen Namen identifiziert. Bei Künstlern desselben Familiennamens benutzt man auch heute zur besseren Unterscheidung die persönlichen Namen. So ist *Kabuki*-Künstler Ichikawa Ennosuke unter seinem persönlichen Künstlernamen Ennosuke bekannt. Werden die Namen mehrfach vergeben, sind sie nummeriert; der derzeitige Ennosuke ist schon der III.

Persönlicher Name

Die Adelstitel wurden 1947 abgeschafft. Die einzige Ausnahme bildet das ▶ Kaiserhaus. Anders als im Deutschen sind Angehörige ehemaliger Adelsfamilien nicht am Namen zu erkennen, da es Zusätze wie das deutsche »von« nicht gibt und Adelstitel auch nicht als Namensbestandteil fortbestehen.

Adelsfamilien

Heute gibt es in Japan zwei Allerweltstitel: *Sensei* (Lehrer) und *Sha-chō* (Firmenchef). Beide werden extensiv verwendet, nicht selten in schmeichlerischer Absicht. Der *Sensei* ist mit unserem »Herrn/Frau Doktor« vergleichbar, aber viel umfassender. Er deckt nicht nur alle Lehrberufe ab, von der Kindergärtnerin bis zum Hochschulprofessor, sondern wird auch auf viele an-

Sensei

dere Berufe angewendet, wie Pastoren, Ärzte und Anwälte, aber auch auf den Friseurmeister. Das Gegenstück zum Sensei ist im Geschäftsleben die Anrede *Shachō,* höflicher *Shachō-san* (»Herr Chef«, »Frau Chefin«). Auch wer nur eine Hilfskraft beschäftigt oder Inhaber einer Briefkopffirma ist, wird Sha-chō genannt, wenn es auf den ▶ Visitenkarten steht.

Sha-chō

Ein Abteilungsleiter kann *Kyoku-chō, Bu-chō* oder *Kachō* heißen. Der Zusatz *Chō* für »Leiter« ist wie alle japanischen Funktionsbezeichnungen geschlechtsneutral, kann also auch »Leiterin« bedeuten. All diese Titel werden meist ohne Namenszusatz verwendet. So kann man höflich sein oder sich vertraulich geben, auch wenn man den Namen nicht kennt oder vergessen hat. Eine ähnliche Funktion erfüllt im Privatleben die unserem »Gnädige Frau« entsprechende Anrede *Oku-san,* höflicher *Oku-sama.*

Chō

Oku-san

▶ Nō

Dies ist Theater für Eingeweihte oder für wirklich Neugierige. Es ist manchmal auch einfach Theater zum Einschlafen. Aber wer dann erschreckt wieder aufwacht, besitzt genau jene erhöhte Aufmerksamkeit und Konzentrationsfähigkeit, die nötig sind, um *Nō* wirklich zu genießen. Denn die nur mit ein paar symbolischen Requisiten dekorierte Bühne ist ein lebendiges Museum: Kostüme, Masken und Instrumente, Sprache, Bewegungen und überhaupt der ganze Ablauf halten sich streng an historische Vorbilder, und die sind oft mehrere hundert Jahre alt.

Historische Vorbilder

Die meisten Stücke stammen aus dem 15. Jahrhundert. Und wie sie aufzuführen sind, wird von Generation zu Generation weitergegeben. Die Ausbildung beginnt bereits im Alter von sieben Jahren nach dem

Muster Vormachen-Nachmachen. Eigenwillige Interpretationen sind verpönt. Nō hat sich aus den Darbietungen der Wanderkünstler entwickelt, die entweder bei religiösen Festen oder zur Erbauung der Mächtigen auftraten. Gespielt wurde auf überdachten Freilichtbühnen. Die Form hat sich erhalten: Heute steht die Freilichtbühne mitten im Theatersaal.

Wanderkünstler

Eine Nō-Aufführung besteht aus Rezitation, Tanz und Instrumentalbegleitung. Es treten nur männliche Schauspieler auf. Der Hauptdarsteller *(Shite)* – manchmal auch seine Begleitung – ist maskiert, seine Kostüme sind am prächtigsten. Der Nebenspieler *(Waki)* – oft ein Mönch oder Bote, der dem Shite Fragen stellt – und dessen Begleitung bleiben unmaskiert. Die aus Holz geschnitzten und bemalten Nō-Masken sind stark typisiert: der alte Mann, eine Frau, der Heilige, eine Gottheit, ein böser Geist. Tempo und Rhythmus der Bewegungen werden von Chor und Orchester vorgegeben. Der Chor besteht aus sechs oder acht Rezitato-

Männliche Schauspieler

Typisierte Masken

Humorige Einlagen, Kyōgen genannt, lockern das klassisch-strenge Nō-Theater auf

ren und sitzt am rechten Bühnenrand. Das Orchester – eine Flöte und verschiedene Trommeln – ist im Hintergrund der Bühne platziert. Chor und Schauspieler tragen ihre Texte in Stimmlagen zwischen gekünstelter

Handlung

Höhe und gutturaler Tiefe vor. Die Nō-Stücke handeln von Göttern und Helden oder deren ruhelosen Seelen, von Liebe und Leid der Frauen, von guten und bösen Geistern. Ihre Sprache ist höfisch-klassisch, nur in humorigen Einlagen, dem *Kyōgen,* wird volkstümliches Japanisch verwendet.

Patriotismus

Marschmusik erdröhnt mit ohrenbetäubender Lautstärke aus einem schwarz lackierten Kleinbus, an dessen Seiten japanische Flaggen drapiert sind – aufreizend rot leuchtet der Sonnenball auf weißem Grund. Ein Spruchband fordert, an die Adresse Moskaus gerichtet, »Gebt unsere Inseln zurück!«, ein anderes lässt den Kaiser hochleben. Hinter den dunkel getönten Fensterscheiben erkennt man Männer in Phantasieuniformen, deren Schnitt an amerikanische GI-Kluft erinnert. Die Kerle halten sich für Patrioten.

Die meisten Japaner sehen in ihnen lästige Störenfriede, deren einschüchterndes Gehabe sie in die Nähe der organisierten Unterwelt rückt. Tatsächlich unterhalten

Gruppen vom rechten Flügel

fast die Hälfte der etwa 850 *Uyoku Dantai* (»Gruppen vom rechten Flügel«) mit rund 120 000 Mitgliedern Kontakte zur Unterwelt. Ungefähr 20 000 Rechte gelten als militant und stehen unter Polizeibeobachtung. Sie sind es, die mit ihren Lautsprecherwagen für Unbehagen sorgen, Gewerkschaftskongresse oder die russische Botschaft belagern und durch Gewaltaktionen gegen »korrupte Politiker« oder »Vaterlandsverräter« von sich reden machen.

Der Missbrauch nationaler Gefühle im Zweiten Weltkrieg hat bei den Japanern ein gespaltenes Verhältnis zu Staat und Nation hinterlassen. Ähnlich wie die Deutschen sind sie noch auf der Suche nach einem angemessenen Platz in der Welt. Höchstens bei internationalen Sportereignissen zeigen Japaner schon einmal enthusiastisch Flagge oder singen gerührt ihre Nationalhymne. Doch über alle politischen Gegensätze hinweg verbindet die Japaner ein starkes Bewusstsein gemeinsamer Identität. Es hat viele Wurzeln, etwa die Insellage, die manche Japaner dazu verführt, alle möglichen Dinge für japanisch zu halten, von denen sie nur nicht wissen, dass es sie auch woanders gibt. Viel Allgemeinwissen über die eigene Kultur, die Pflege traditioneller Bräuche und Künste, eine nur von wenigen Ausländern beherrschte und daher fast exklusive Sprache, aber auch die eigenwilligen Ess- oder Badegewohnheiten schaffen ein Gefühl der Zusammengehörigkeit, das Japaner von anderen Völkern abgrenzt. Daß die Homogenität in erster Linie auf kultureller Integration beruht, und nicht auf »rassische Reinheit«, wird manchmal in Frage gestellt. So äußerte Ministerpräsident Nakasone 1986 die Ansicht, Japan sei eine »bei weitem intelligentere Gesellschaft« als Amerika, und begründete dies damit, dass es in Amerika »sehr viele Schwarze, Puertoricaner und Mexikaner« gäbe. Es fällt Japanern oft schwerer als anderen Völkern, über den eigenen Schatten zu springen. Kritik aus dem Ausland ertragen sie mit dem stillen Stolz, einem Volk anzugehören, das dem Ansturm des westlichen Kolonialismus im 17. und 19. Jahrhundert erfolgreich widerstanden hat und aus der demütigenden Niederlage im Zweiten Weltkrieg zu einer der größten Wirtschaftsmächte der Welt aufgestiegen ist.

Verhältnis zu Staat und Nation

Gemeinsame Identität

Kritik aus dem Ausland

Zitate über Japan

»... Dies Volk übertrifft alle andre der Welt an Sitten, Tugend, Künsten und feinem Betragen, und ist ausnehmend glüklich durch seinen inneren Handel, seinen fruchtbaren Boden, seinen gesunden und starken Körper, seine muthige Seele, seinen Überflus an allen Bedürfnissen des Lebens, seine ununterbrochene innere Ruhe. Gewis, wenn ein Bürger Japans seinen itzigen Zustand mit der ehemaligen Freiheit vergleicht, oder auch an die entfernteste Geschichte seines Vaterlands zurückgeht; so wird er keinen Zeitpunkt finden, indem es sich glüklicher befunden hätte, als izt, da es durch den höchsten Willen eines Regenten regiert, und von der Gemeinschaft mit der ganzen übrigen Welt abgeschlossen ist.«

Aus: Engelbert Kämpfer, »Amoenitates«, Lemgo 1712.

»... Die Japoneser könnten gleichsam als die Engländer dieses Welttheils angesehen werden, aber kaum in einer andern Eigenschaft, als ihrer Standhaftigkeit, die bis zur äußersten Halsstarrigkeit ausartet, ihrer Tapferkeit und Verachtung des Todes. Übrigens zeigen sie wenig Merkmale eines feineren Gefühls an sich ...«

Aus: Immanuel Kant, »Beobachtungen über das Gefühl des Schönen und Erhabenen«, Königsberg 1764.

»... Je weiter man in die Gesetze, die Gebräuche, die Sitten, die Religion der Japaner eindringt, je mehr ähnliche Züge entdeckt man mit verschiedenen europäischen Nazionen. Sie haben in mancher Absicht einen Grad von Vorzüglichkeit, den man ihnen nicht streitig machen kann. Eine wahrhaft stoische Standhaftigkeit, eine ungestüme Liebe für Freiheit, heroische Grundsätze der weisesten Moral scheinen sie den Engländern zu nähern. Wie die Franzosen lieben sie den Luxus und großen Aufwand bei Feierlichkeiten und einen Schwarm von Bedienten: Mit der wollüstigen Neigung der Italiäner verbinden sie die Gravität der Spanier; und die Redlichkeit, die sie in Geschäften beweisen, ist ihnen nicht weniger natürlich als den Deutschen ...«

Aus: Pierre-Claude Le Jeune, »Kritische und Philosophische Bemerkungen über Japan und die Japaner«, deutsche Übersetzung Breslau 1782.

Alle o.g. Zitate aus: Peter Kapitza (Hrsg.), »Japan in Europa. Texte und Bilddokumente zur europäischen Japankenntnis von Marco Polo bis Wilhelm von Humboldt«, iudicium verlag, München 1990.

Perlenzucht

Mikimoto Kōkichi

In Deutschland würde man Mikimoto Kōkichi (1858 bis 1954) einen Tüftler nennen: Viele Jahre lang experimentierte er auf seiner Muschelfarm in der Ago-Bucht in Zentraljapan, um runde Perlen zu züchten. Flache oder halbrunde Zuchtperlen hatten schon die Chinesen seit dem 11. Jahrhundert zu Stande gebracht. Das Prinzip war dasselbe: Man pflanzte einer lebenden Muschel einen Fremdkörper ein, der sie zum Absondern von Perlsubstanz reizen sollte. Die Chinesen benutzten Bleischeibchen, Mikimoto Perlmutt. Bei der chinesischen Methode wurde die Scheibe in die kaum geöffnete Muschel hineingeschoben, beim japanischen Verfahren ein Perlmuttkern in ihrer Keimdrüse platziert. Am 11. Juli

1893 konnte Mikimoto die ersten Exemplare seiner neuen Rundperlen ernten. Aber das war nur eine Zwischenstation. Denn Mikimotos Perlen sollten kugelrund und makellos sein – 1905 war es soweit. Schon 1911 eröffnete er seine ersten Auslandsgeschäfte in London und New York; Europa und Amerika sind die größten Abnehmer von Perlen. Der Siegeszug der japanischen Zuchtperlen begann aber erst nach dem Ersten Weltkrieg. Anfängliche Kritik, es handele sich nur um eine Imitation »richtiger« Perlen, verstummte bald.

Weltweiter Erfolg

Mikimotos weltweiter Erfolg beruht auf ähnlichen Elementen wie der Vormarsch japanischer Elektroerzeugnisse, Kameras, Autos oder Halbleiter nach dem Zweiten Weltkrieg: Eine ausländische Erfindung wird perfektioniert, hervorragende Fertigungstechnik sorgt für beste Qualität zu mäßigen Preisen, Vertrieb und Werbung werden groß geschrieben.

Pflanzen

Shōchikubai

Was auf unseren Speisekarten Menu I, II und III heißt, liest sich auf japanisch *Matsu* (auch *Shō* gesprochen; Kiefer), *Take* (auch *Chiku;* Bambus) und *Ume* (auch *Bai;* Pflaume). Matsu ist das teuerste Gericht, Take liegt in der Mitte, und Ume ist das billigste. Diese *Shōchikubai*-Bewertung wird auch in anderen Lebensbereichen angewendet. Mit Pflaume ist übrigens nicht die Frucht gemeint, sondern der wegen seiner frühen Blüte beliebte Baum. Die Kiefer spielt in Japan eine ähnliche Rolle wie bei uns die Eiche: Sie wird uralt, und ihre Zweige verformen sich im Alter zu knorrigen Ästen.

Bambus

Der Bambus neigt sich im Wind, um sich danach wieder aufzurichten. Er ist Symbol für Ausdauer durch Geschmeidigkeit, auch schätzt man seine zarte Eleganz. Aus Kiefernästen, schräg angeschnittenen Bambusstämmen und blühenden Pflaumenzweigen besteht der Neujahrsschmuck am Hauseingang (»Torkiefern«, ▶ Feste und Feiertage).

Bonsai

Kiefer, Bambus und Pflaume, ferner Ahorn und Kirsche werden gern als Zwergbäume, *Bonsai,* gezüchtet. Die Sitte, Bäume in stark verkleinerter Form in Gefäßen zu kultivieren, kam wohl aus China, ist in Japan seit dem frühen 14. Jahrhundert nachgewiesen und entwickelte sich dort zu verschiedenen Stilrichtungen. Bonsai-Bäume können mehrere hundert Jahre alt werden, besonders schöne Exemplare werden in den Besitzerfamilien vererbt. Außer Baumschulen sind es v. a. alte Männer im Ruhestand, die Bonsai züchten. Hausfrauen oder junge Leute haben damit wenig im Sinn.

Pflanzen der Jahreszeiten

Japans ▶ Kirschblüte ist weltberühmt. Weniger bekannt ist die spektakuläre Blütenpracht der Azaleen: Noch bevor die letzten Kirschbäume verblüht sind, schmücken *Tsutsuji* als leuchtendrote Hecken an den Straßenrändern oder als Blütenteppiche zwischen Hochhäusern, in Parks, auf Friedhöfen oder an Berghängen Stadt und Land. In Laubengängen unter blauvioletten Blütentrauben der Glyzinie *(Fuji no Hana)* zu wandeln, gehört zu den Freuden des Frühsommers. Zur Regenzeit im Juni leuchten riesige Hortensiendolden zartrosa oder himmelblau, in sattem Tiefblau oder lilafarben. Die Schönheit der *Ajisai,* deren Sträucher bis zu anderthalb Meter hoch wachsen, wurde schon in Japans ältester Gedichtsammlung aus dem 8. Jahrhundert (▶ Dichtung) besungen. In religiösen Darstellungen sitzt Buddha auf dem Lotosthron – wer die Lotosblume sehen will, muss im Sommer früh aufstehen. Die weißen oder rosa Blüten der *Hasu* öffnen sich beim Morgengrauen und schließen sich, wenn die Sonne steigt. Lotos gedeiht im Wasser oder feuchten Boden, er ziert die Teiche vieler Tempel. Unter den Herbst-

Lotosblume

Chrysantheme

blumen nimmt die Chrysantheme einen besonderen Rang ein: In stilisierter Form mit sechzehn Blütenblättern ist die *Kiku* Wappenblume des Kaiserhauses. Chrysanthemen wurden vor mindestens 1000 Jahren aus China eingeführt. Japanische Berufs- und Hobbygärtner züchten sie in Hunderten von Variationen mit zum Teil verwegenen Formen. Der Herbst ist auch die hohe Zeit

Ahorn

des Ahorns. Weil sich sein Laub besonders prächtig verfärbt, nennen die Japaner buntes Herbstlaub genauso wie den Baum: *Momiji.* Im Winter blüht weiß, rot oder rosa die Kamelie. Ihre vollen, schweren Blüten fallen oft sehr plötzlich herab. Deshalb verbannten die Samurai die *Tsubaki* aus ihren Gärten. Die Blume erinnerte die Ritter allzu sehr an ihr Berufsrisiko, den Kopf zu »verlieren«.

Blumenzucht

Eine der liebsten Freizeitbeschäftigungen älterer Menschen ist die Blumenzucht, und wieviel Spaß macht es, gelungene Exemplare mit dem Nachbarn zu tauschen! Der Gastgeberin einen Blumenstrauß mitzubringen, ist aber nicht üblich. Das traute Heim schmückt auch kein Strauß, sondern ein ▶Ikebana-Gesteck.

▶ Politik

Japan ist eine konstitutionelle Monarchie. Ob das den Kaiser (▶Kaiserhaus) zum Staatsoberhaupt macht, ist umstritten. Der Tennō hat keine Regierungsbefugnisse. Diese liegen in den Händen der vom Parlament ge-

Regierung

wählten Regierung mit einem Ministerpräsidenten an der Spitze und ungefähr 20 Ministern. Das Parlament besteht aus zwei Kammern, Unterhaus und Oberhaus. Beide werden direkt gewählt. Gesetze kommen grundsätzlich nur zustande, wenn beide Kammern zustimmen. Bei der Wahl des Ministerpräsidenten, der Verabschiedung des Haushalts und der Ratifizierung internationaler Verträge ist aber im Fall abweichender Beschlüsse die Entscheidung des Unterhauses maßgebend – das Oberhaus hat also keine anderen, sondern nur weniger Kompetenzen. Japan besteht aus 47 Provinzen *(Ken)*, darunter die zwei Stadtprovinzen Tokyo und Ōsaka. Sie werden von direkt gewählten Gouverneuren *(Chiji)* und gewählten Provinztagen *(Ken-gikai)* verwaltet.

47 Provinzen

Anders als Deutschland behielt Japan nach der Kapitulation 1945 seine eigene Regierung, die aber bis zur Wiedererlangung der Souveränität – 1952 mit Inkrafttreten des Friedensvertrags von San Francisco – der amerikanischen Besatzungsmacht unterstellt war. Schon 1946 fanden Unterhauswahlen statt, an denen erstmals auch die Frauen teilnehmen konnten. Da keine Partei die absolute Mehrheit errang, begann eine Phase der Koalitionsregierungen. 1955 schlossen sich zwei konservative Gruppen zur Liberaldemokratischen Partei (LDP) zusammen. Die LDP wurde zur beherrschenden politischen Kraft, die fast vier Jahrzehnte zumeist allein regierte. Ihr Hauptgegenspieler war die Sozialistische Partei (SPJ), die 45 Jahre lang »ewige Oppositionspartei« blieb. Die Kommunisten (KPJ) erhielten bei Wahlen regelmäßig fast 10 % der Stimmen. Als politischer Arm einer religiösen Massenbewegung – der neubuddhistischen *Sōkagakkai* – entstand die *Kōmeitō* (»Partei für saubere Politik«).

Koalitionsregierung

Wichtigste Parteien

Im Sommer 1993 wurden die politischen Verhältnisse auf den Kopf gestellt, als die LDP durch eine Abspaltung ihre Mehrheit im Unterhaus verlor und bei den folgenden Wahlen nicht zurückgewann. Eine bunte Koalition von Neukonservativen über Buddhisten bis hin zu den Sozialisten übernahm die Regierung. Während politisches Establishment und Medien dem Wechsel von der Einparteienregierung zu diesem Regenbogenkabinett politischer Gegensätze mit Skepsis und Verunsicherung begegneten, war die Bevölkerung wie elektrisiert. Die Begeisterung verflog aber bald, als Streit unter den neuen Regierungsparteien zu einer Folge kurzlebiger Koalitionskabinette führte und schließlich die Sozialisten durch einen Frontenwechsel ihrem alten »Erzfeind« LDP 1994 zur Rückkehr an die Macht verhalfen.

Seit 1996 stellt die LDP erneut den Ministerpräsidenten und regiert mit wechselnden Koalitionen. Für frischen Wind sorgt der im April 2001 überraschend zum

Junichiro Koizumi

LDP-Vorsitzenden und Regierungschef gewählte Junichiro Koizumi, ein populärer Populist. Umstritten bleibt die Regierungsbeteiligung der buddhistischen *Kōmeitō*. Stärkste Kraft der reorganisierten Opposition ist nun die Demokratische Partei (DPJ, *Minshutō*).

Außenpolitik

In Zeiten des kalten Krieges hat sich Japan auf die Seite des Westens geschlagen und in der Außenpolitik eng an die USA angelehnt, mit denen es auch durch einen Sicherheitsvertrag (▶ Militär) verbunden ist. Seit 1956 ist Japan Mitglied der Vereinten Nationen. Ebenfalls 1956 nahm Tokyo wieder diplomatische Beziehungen zu Moskau auf. Einen Friedensvertrag will Japan aber erst abschließen, wenn der Streit um einige 1945 von der Roten Armee besetzte, von Tokyo zurückver-

Kurilen

langte Inseln – die Russen sprechen von den »Südkurilen«, die Japaner von den »Nordgebieten« – beigelegt ist. Das Verhältnis zu China wurde 1972 normalisiert, das zur ehemaligen Kolonie Korea bleibt schwierig; diplomatische Beziehungen bestehen nur zum Süden der geteilten Halbinsel (seit 1965), mit dem Norden wird verhandelt.

Prostitution

»Frühlingsverkauf«, *Baishun,* heißt in Japan dieses Gewerbe. »Frühlingsverkäuferin«, *Baishun-fu,* ist eine der vielen Bezeichnungen für die entsprechenden Damen. Bis 1957, als ein Gesetz zur Bekämpfung der Prostitution in Kraft trat, war die gewerbsmäßig betriebene Prostitution zulässig. Sie wurde überwiegend in geschlossenen Vierteln ausgeübt. Das Freudenviertel Yoshiwara im alten Edo (Tokyo) ist durch die »Bilder aus der vergänglichen Welt« (▶ Malerei) in die Kunstgeschichte eingegangen. In der Meiji-Zeit (1868–1912) arbeiteten ungezählte Japanerinnen aus ärmlichen Verhältnissen in den Bordellen der asiatischen Nachbarländer. Während des Zweiten Weltkriegs verschleppten die Japaner Zigtausende von Frauen in ihre Militärbordelle an der Front. Die meisten dieser *Jūgun Ianfu* (»Militär-Unterhalterinnen«) kamen aus Korea, damals japanische Kolonie. Tokyo hat erst 1993 zugegeben, dass die Armee – also staatliche Stellen – in diese Zwangsprostitution verwickelt war. Es ist eines der traurigsten Kapitel »unbewältigter Vergangenheit« Japans. Seit den 1970er Jahren fahren japanische Sex-Touristen in Gruppen mit organisiertem Alles-Inklusive-Programm nach Südostasien, Taiwan oder Südkorea. Zehntausende junger Frauen aus Südostasien arbeiten als »Barhostess« in Japan. Viele wurden unter Vorspiegelung falscher Tatsachen ins Land gelockt und in die Prostitution gepresst. Frauen, die sich auf der Straße anbieten, sind fast immer Ausländerinnen. Japanische Gunstgewerblerinnen ziehen einschlägige Klubs oder Badehäuser vor; letztere werden *Sōpurando* (»Soapland«) genannt, nachdem die früher übliche Bezeichnung »Türkisches Bad« *(Toruko-buro)* nach türkischen Protesten fallen gelassen wurde. So können die Frauen ihre Tätigkeit besser ka-

Historische Freudenviertel

Militärbordelle

Japanische Sex-Touristen

Soapland

schieren, und die Freier laufen weniger Gefahr, gesehen zu werden. Das Gesetz stellt nicht die Gewährung von Liebesdiensten gegen Bezahlung unter Strafe, sondern das öffentliche Anbieten oder Werben um Kundschaft, außerdem die gewerbsmäßige Vermittlung, Bereitstellung von Räumen oder sonstige Ausnutzung der Prostitution.

▶ Pünktlichkeit

Wenn ein zuschlagspflichtiger Zug mindestens zwei Stunden Verspätung hat, erhalten die Fahrgäste ihren Zuschlag zurückerstattet. Pünktlichkeit hat in Japan Geldwert. Selbst für geringe Verspätungen entschuldigt man sich, nicht nur bei der Eisenbahn. Wer zu einem Geschäftstermin oder einer Veranstaltung zu spät kommt, fällt unangenehm auf. Dabei zählt jede Minute, so etwas wie ein »akademisches Viertel« gibt es nicht. Japaner kommen lieber früher als zu spät.

Jede Minute zählt

▶ Reis

Was die Kartoffel den Deutschen, ist der Reis den Japanern: ein Grundnahrungsmittel, das man täglich in dieser oder jener Form verzehrt (▶Essen und Trinken). Aber da endet auch die Vergleichbarkeit. Denn Reis bedeutet den Japanern viel mehr als nur etwas Essbares. Der Reisanbau hat 2000 Jahre lang das Dorfleben bestimmt. Die Notwendigkeit, bei Anlage und Bewässerung der Nassfelder für den Reisanbau zusammenzuarbeiten, hat zur Entwicklung des Gemeinsinns beigetragen. Gemeinsam betete man auch für eine gute Ernte und feierte das Erntedankfest. Als Reisgöttin wird Inari verehrt, deren Kult sich mit dem Volksglauben an einen Fuchsgeist vermischt hat. Viele Riten des Schintoismus (▶Religion) begleiten den Jahresrhyth-

Gemeinsinn

Reisgöttin Inari

mus des Reisanbaus. Symbolisch pflanzt der Kaiser jedes Frühjahr einige Reissetzlinge und erntet im Herbst ein paar Reisähren (▶Kaiserhaus). Das nächtliche Ritual nach der Thronbesteigung eines neuen Kaisers ist eine besonders feierliche Form des Erntedankfestes, bei dem der Kaiser der Sonnengöttin neuen Reis opfert. Mit Reis wurden Steuern an den Staat, aber auch der Sold der ▶Samurai bezahlt. Im 17. Jahrhundert entstand in Ōsaka eine Reis-Börse. Reis war der Maßstab zur Einschätzung der Wirtschaftskraft der Fürstentümer. Als Maßeinheit diente das *Koku,* das etwa 180 Litern entspricht: Ein Koku Reis sollte einen Menschen ein Jahr lang ernähren.

Reis-Börse

In den ländlichen Anbaugebieten prägt der Reisanbau heute noch das Landschaftsbild. Die Felder sind von Erdwällen umgeben, damit sie im Frühjahr unter

Winzig sind die Reisfelder in Japan. Auch bei der Ernte finden die Bauern Zeit für ein Schwätzchen

Reis-terrassen

Wasser gesetzt werden können. Terrassenförmig erschließen oft winzige Äcker auch viele Berghänge. So wirkt die Landschaft gegliedert. Wenn die Reisfelder unter Wasser stehen, glänzen sie silbern im Sonnenlicht. Bald folgt das saftige Grün der jungen Setzlinge und später das Goldgelb der reifenden Ähren. Nach der Ernte hängen die Garben zum Trocknen wie Wäsche auf der Leine. Sind die Stoppelfelder umgepflügt, schimmert schwarzbraune Erde durch die winterliche Schneedecke. Nicht nur Bauern, auch Umweltschützer wollen möglichst viel von dieser Landschaft erhalten.

Teurer Reis

Aber der Reisanbau auf den unwirtschaftlich kleinen Feldern, eine Folge der Agrarreform nach dem Kriege, ist kostspielig und nur mit hohen Subventionen am Leben zu halten. Japans Verbraucher zahlen für ihren Reis ein Vielfaches des Weltmarktpreises – wie lange noch? Zudem fehlt der Nachwuchs, viele Bauernkinder wandern in die Städte ab. Wenn die Ernte schlecht ausfällt, muss Japan Reis importieren. Außerdem drängen die USA und andere Reisexportländer auf den japanischen Markt. Einige Kulturapostel sehen mit dem heimischen Reisanbau zugleich die »Seele« Japans bedroht.

▶ Reisen der Einheimischen

Dreimal im Jahre packt die Japaner das Reisefieber: zur Jahreswende, in der »Goldenen Woche« Ende April/Anfang Mai und zur *O-Bon*-Zeit im Sommer (▶ Feste und Feiertage). Dann ist die halbe Bevölkerung auf Achse. Die Städter kehren in ihre Heimatdörfer zurück. Man besucht Verwandte, schmückt die Familiengräber oder verbringt ein paar Tage in einem Badeort mit heißen Quellen, am Meer oder in den Bergen. Es sind allerdings nur Kurzreisen von höchstens einer Woche. Nur bei Hochzeitsreisen und Reisen ins fernere Ausland set-

Kurzreisen

zen sich langsam zehn Tage bis zwei Wochen durch. Mit wachsendem Wohlstand haben die Auslandsreisen kräftig zugenommen. Fast die Hälfte führen nicht über Asien hinaus; Hongkong, Südkorea, Singapur, Taiwan und China sind hier die beliebtesten Ziele. Ein Drittel der Reisenden wagt sich bis nach Amerika, meistens aber nur bis Guam oder Hawaii. Nach Europa zieht es ein gutes Zehntel der japanischen Weltenbummler, vor allem nach England, Frankreich, Deutschland, in die Schweiz und nach Italien. Mit wachsender Welterfahrung trauen sich auch immer mehr Japaner, die Geborgenheit der früher obligaten Reisegruppe zu verlassen.

Auslandsreisen

Bei Inlandsreisen ist die Bahn ein beliebtes ▶Verkehrsmittel. Autofahren ist selten ein Vergnügen, erst recht kein billiges. Die Straßen sind oft verstopft, und auf den Autobahnen muss man saftige Straßengebühren zahlen. Zu Betriebsausflügen werden Eisenbahnwagen oder ganze Züge gemietet. In den großen Bahnhöfen begegnet man häufig Gruppenreisenden, die sich eifrig bemühen, ihren Fähnchen schwingenden Führer im Menschengewühl nicht zu verlieren. Bei den großen Entfernungen im Land ist auch das Flugzeug ein begehrtes Transportmittel: Zu Skiferien in Hokkaidō oder dem Badeurlaub auf Okinawa fliegt man.

Inlandsreisen

Gruppenreisen

Religion

Sind die Japaner fromm? Wenn man sie vor einem Schrein, in einem Tempel oder am Familiengrab mit geschlossenen Augen und gefalteten Händen beten sieht, scheint kein Zweifel erlaubt. Befremdlich sind aber die Zahlen, die belegen, dass die meisten Japaner zugleich Schintoisten und Buddhisten sind, und das nicht nur statistisch, sondern auch in der Praxis. Um Gesundheit und Glück oder Schutz vor Unglück zu erflehen, ruft

Riten unterschiedlicher Religionen

man einen Shintō-Priester oder besucht einen Shintō-Schrein, etwa mit einem neu geborenen Kind; im Schrein holt man sich auch das Amulett fürs Haus oder Auto. Brauchen Japaner Trost und Hilfe, weil jemand in der Familie gestorben oder in einer Notlage ist, so wenden sie sich eher an einen buddhistischen Tempel, manche auch an eine christliche Kirche. Die meisten Japaner werden buddhistisch bestattet (▶Tod und Bestattung), recht viele christlich und nur wenige schintoistisch. Japaner heiraten oft auch doppelt – christlich und schintoistisch (▶Hochzeit), wobei religiöse Trauungen erst in neuerer Zeit in Mode kamen – traditionell waren Eheschließungen eine rein weltliche Familienangelegenheit.

Shin-tō ▶Brauchtum steht im Mittelpunkt vieler Riten des *Shin-tō,* des »Wegs der Götter«, der ursprünglichen Religion der Japaner. Im Frühjahr bittet man mit Gebet und Opfergaben um eine gute Ernte, im Herbst dankt man für eine gute Ernte, und vor Beginn von Bauarbeiten wird der Boden geweiht. Wichtig sind auch Reinigungsriten wie Mundausspülen und Händewaschen am Eingang zum Schrein oder das Salzstreuen der *Sumō*-Ringer (▶Kampfsportarten) vor dem Kampf. An Stelle des einen Gottes der Christen, Juden oder Muslime gibt es eine Vielzahl von Göttern, *Kami,* die Natur- oder Ahnengottheiten sein können – oder beides in einem wie *Amaterasu-ōmikami,* zugleich Göttin der Sonne und Ahnengottheit des ▶Kaiserhauses.

Vielzahl von Göttern

Buddhismus Der im 6. Jahrhundert aus Indien über China und Korea eindringende Buddhismus überlagerte den heimischen Schintoismus. Man erklärte die Sonnengöttin zu einer Inkarnation des Lichtbuddha (Vairocana in Sanskrit), andere Shintō-Gottheiten wurden mit Titeln wie *Gongen* (»zeitweilige Erscheinung« eines Buddha) oder *Myōjin* (leuchtender Gott) angepasst. Die Bauweise schintoistischer Schreine und buddhistischer Tempel verschmolz zur Mischform des *Gongen-zukuri* (▶Architektur). Viele Schreine gerieten unter die Kontrolle buddhistischer Priester. Aber anders als die vom Christentum verdrängte Urreligion der Germanen hat der Schintoismus sich seit dem späten 17. Jahrhundert wieder erneuert. Die Reformpolitiker der Meiji-Zeit erhoben ihn 1870 sogar zur Staatsreligion. Bis zu Japans Kapitulation 1945 galt Kaiser Hirohito als lebende Gottheit (▶Kaiserhaus); die Nachkriegsverfassung untersagt dem Staat, sich religiös zu betätigen oder eine Religion zu unterstützen. Folgerichtig gibt es auch keine Kirchensteuer.

Staatsreligion

Der Buddhismus ist in Japan als Herrschaftsmittel zur Stärkung der Zentralgewalt eingeführt worden und wurde im Jahre 594 Staatsreligion (▶Geschichte). Kaiser Shōmu ließ im 8. Jahrhundert in jeder Provinz ein Mönchs- und ein Nonnenkloster errichten. Allerdings entzogen sich die Mönche später der staatlichen Kontrolle. Viele Tempel entwickelten sich zu Machtzentren und ihre Mönchsheere zeitweilig zu einer Landplage. In der Edo-Zeit bediente sich die Regierung der Tempelgemeinden zur Kontrolle der Bevölkerung: Jede Familie musste sich in einem Tempel registrieren lassen. Das Sonderverhältnis des Buddhismus zum Staat endete mit der Aufwertung des Schintoismus zur Staatsreligion. Durch die Bodenreform von 1946 verloren Tempel und Klöster mit dem Landbesitz auch die Grundlage ihres Wohlstands.

Tempel als Machtzentren

Bodenreform

Japanischer Buddhismus wird bei uns meist mit *Zen* gleichgesetzt. In Japan ist Zen aber nur eine von fünf großen Richtungen des Buddhismus. Die meisten Anhänger hat der *Nichiren*-Buddhismus, der auf einen reli-

Nichiren-Buddhismus

giösen Eiferer dieses Namens im 13. Jahrhundert zurückgeht. Für Nichiren war schon die bloße Anrufung des Lotossutra allein selig machend.

Die kleinste, aber älteste der fünf Hauptrichtungen ist der *Tendai*-Buddhismus, zu Beginn des 9. Jahrhunderts vom Mönch Saichō begründet. Saichōs Lehre versuchte, Elemente verschiedener buddhistischer Schulen in einem Gesamtsystem zusammenzufassen: das meditative und asketische Element, das esoterische Element geheimnisvoller Rituale, das volkstümliche Element der buddhistischen Heilslehre und das akademisch-künstlerische Element, dessen Kern die Beschäftigung mit dem Lotossutra und anderen buddhistischen Schriften bildete.

Tendai

Ebenfalls im frühen 9. Jahrhundert entstand der *Shingon*-Buddhismus, eine esoterisch-mystische Geheimlehre um den Lichtbuddha. Ihr geistiger Vater ist der Mönch, Dichter und Schriftgelehrte Kūkai, alias Kō bō-daishi. Die komplizierten Lehrsysteme und Geheimlehren der älteren Sekten forderte der Heilige Hōnen im 12. Jahrhundert mit seiner volkstümlichen »Lehre vom reinen Land« heraus, einem buddhistischen Paradies. Dieser *Jōdo*-Buddhismus bildet heute die zweitgrößte Gruppe in Japan. Ein Reformator wie Martin Luther, trat Hōnen dem Sittenverfall unter den Mönchen und Priestern entgegen und öffnete dem Volk den Zugang zum Buddhismus: Jedermann könne durch gläubige Anrufung von Amida-Buddha (Sanskrit: Amithaba) Erlösung finden, es bedürfe keiner Lehrsysteme oder der Vermittlung eines Priesters, um zum Heil zu gelangen. Hōnen lehnte auch die bis dahin von buddhistischen Mönchen geforderte Ehelosigkeit ab.

Shingon

Jōdo

Amida-Buddha

Meditation und Askese, schon wesentliche Elemente im Tendai-Buddhismus, stehen beim *Zen*-Buddhismus

Zen

im Mittelpunkt. Den ersten Zen-Tempel Japans gründete der Tendai-Mönch Eisai im späten 12.Jahrhundert nach Studienaufenthalten in China. Eisai brachte aus China auch das Verfahren zur Zubereitung von Pulvertee mit, dem Grundmaterial der ▶Teezeremonie. Das asketische Klosterleben der Zen-Mönche, die wortkargen Dialoge zwischen Meister und Schüler, die schweigsame Selbsteinkehr bei stundenlanger bewegungsloser »Versenkung im Sitzen« *(Za-zen)* – bisweilen von einem harten Schlag auf die Schulter unterbrochen, wenn der Meditierende Zeichen von Müdigkeit zeigt – entsprachen dem Lebensgefühl der Samurai. Ziel der inneren Sammlung ist das Erlebnis der Erleuchtung *(Satori)*, bei der die Dualität von Mensch und Umwelt aufgehoben, der Mensch zum Buddha wird. Der Geist des Zen hat im Lauf der Jahrhunderte viele Berei-

Mönch Eisai

Erleuchtung als Ziel

Eine Festprozession beginnt am Schreintor von Miyajima, einer der drei berühmtesten Ansichten Japans

che des japanischen Lebens durchdrungen, auch die Kunst. Ein berühmtes Beispiel ist der Steingarten des Ryōan-Tempels in Kyōto: Fünfzehn Felssteine im wellenförmig geharkten Kies eines von Mauern umgebenen Rechtecks sollen dem Betrachter zur Erleuchtung verhelfen.

Konfuzianismus Keine Religion, aber geistige Wurzel vieler Grundwerte der japanischen Gesellschaftsordnung ist der Konfuzianismus. Er hat besonders die Vorstellungen von Hierarchie in Familie und Staat, von den Beziehungen der einzelnen Glieder zueinander und von ihren Rechten und Pflichten geprägt. Den Auftakt machte 604 Prinz Shōtoku mit seiner konfuzianisch beeinflussten »Siebzehn-Artikel-Verfassung« (▶Geschichte). Tausend Jahre später lieferte der Neo-Konfuzianismus dem ersten Shōgun der Tokugawa-Dynastie die geistigen Grundlagen seines Staates.

Sōkagakkai Den Sprung von der Religion zur Politik hat in neuerer Zeit die 1930 gegründete *Sōkagakkai* unternommen. Nach 1945 hat diese buddhistische Laienorganisation, die sich »Wissenschaftliche Gesellschaft zur Schaffung von Werten« nennt, vor allem der in die Großstädte abgewanderten Landbevölkerung eine geistige Heimat geboten. Gestützt auf eine Mitgliedschaft von mehreren Millionen Haushalten, bildete sie in den 1960er Jahren eine eigene politische Partei, die seither im Parlament vertretene *Kōmei-tō* (»Partei für saubere Politik«).

Christentum Das Christentum konnte nach der gewaltsamen Unterdrückung im 17. Jahrhundert (▶Geschichte) nur mühsam wieder Fuß fassen. Erst die Meiji-Verfassung von 1889 garantierte die Religionsfreiheit. Heute gibt es rund 1,5 Millionen Christen in Japan, viele davon gehören zur Oberschicht.

Samurai

Sie durften Schwerter tragen, hatten eine exklusive Frisur und besaßen das Privileg, gemeine Bürger zu erschlagen, wenn diese sie provozierten. Mit der Aufhebung aller Titel und Privilegien durch die Verfassung von 1947 wurden die *Samurai* endgültig ins Reich der Geschichte verbannt. Macht und Einfluss und die meisten ihrer Vorrechte hatten sie schon durch die Reformen der Meiji-Zeit (1868–1912) verloren, soweit sie sich nicht persönlich auf die Seite der Reformer schlugen. In ▶Film und Fernsehen, historischen Romanen oder Manga-Bildgeschichten (▶Medien) beflügeln schwertschwingende Helden der Kriegerkaste aber weiterhin die Phantasie, oft in romantischer Verklärung. Samurai-Geschichten sind die Heldensagen oder Cowboy-Western der Japaner. Und viele Japaner sind stolz darauf, aus einer Samurai-Familie zu stammen. Zu Beginn der Meiji-Zeit stellten die Samurai gut 5 % der Bevölkerung.

Schwertschwingende Helden

Samurai waren bewaffnete Diener am Kaiserhof und in den Adelshäusern; das Wort bedeutet »dienen«. Zu einer eigenen Kriegerkaste *(Bushi)* entwickelten sie sich etwa seit dem 10. Jahrhundert, nachdem der Kaiserhof die Regionen fern der Hauptstadt zunehmend der Selbstverwaltung überlassen hatte. Verlor ein Samurai seinen Herrn, so war er brotlos. Diese herrenlos im Land herumstreifenden Samurai wurden *Rōnin* (wandernde Leute) genannt. Der Ausdruck wird heute für Schulabgänger verwendet, die bei der ersten Aufnahmeprüfung zur Universität durchgefallen sind und sich auf die Wiederholungsprüfung vorbereiten.

Kriegerkaste

Rōnin

In der strengen Gesellschaftsordnung der Edo-Zeit (1603–1867) bildeten die Samurai den obersten der vier Berufsstände. Doch machten zwei Jahrhunderte

Frieden den Kriegerstand entbehrlich. Durch Rückbesinnung auf Ethik und Disziplin der Kamakura-Zeit – als *Bushi-dō* (Weg des Kriegers) verbrämt – versuchte man, die Zerfallserscheinungen aufzuhalten. Mit der Einführung der allgemeinen Wehrpflicht 1873 bekamen die Samurai dann Konkurrenz aus den unteren Ständen. Drei Jahre später wurde ihnen verboten, Schwerter zu tragen. Ihre Zeit war abgelaufen.

▶ Selbstmord

Mishima Yukio entledigte sich der Jacke seiner Phantasieuniform, machte den Oberkörper frei und zog die Stiefel aus. Dann kniete er auf dem roten Teppich im Dienstzimmer des Kommandeurs der japanischen Ostarmee nieder, legte einen Dolch vor sich auf den Boden und lockerte seine Hose so weit, dass der weiße Lendenschurz hervorschaute. Ein junger Mann stellte sich hinter Mishima auf, ein altes Samurai-Schwert in der Hand. Es war kurz nach 12 Uhr mittags mitten in Tokyo. Mishima ergriff den Dolch, rief dreimal *Tennō Heika Banzai!* (Lang lebe der Kaiser!) und rammte sich den Dolch in den Unterleib. Dann zog er das Messer mit letzter Kraft quer durch seinen Bauch. Mishimas Körper fiel vornüber zu Boden. Der junge Mann mit dem Schwert schlug mehrfach zu, um den Kopf vom Rumpf zu trennen.

Mishima Yukio

Auf diese grässliche Weise starb am 25. November 1970 einer der bekanntesten Schriftsteller Japans (▶ Literatur). Mishima hatte die Armee – vergeblich – zum Putsch gegen Japans Nachkriegsverfassung und für eine Wiederherstellung des alten Kaisertums aufgerufen und wollte diesen Frevel mit dem ehrenhaften Freitod der ▶ Samurai sühnen: *Seppuku,* im Ausland meist *Harakiri* genannt.

Seppuku

Standesgemäße Todesform

Seppuku und Harakiri sind verschiedene Lesarten derselben zwei chinesischen Schriftzeichen für »Bauch(auf-)schneiden« in umgekehrter Reihenfolge. Als standesgemäße Todesform für Krieger und Adelige ist Seppuku seit dem 12. Jahrhundert nachgewiesen. In der Edo-Zeit (1603–1867) wurde es auch als Todesstrafe für die oberen Stände sanktioniert. 1873 wurde diese Strafart als Teil der Meiji-Reformen abgeschafft. Beim Seppuku schlitzte man sich zunächst kreuzweise den Bauch auf und schnitt sich dann die Kehle durch. Später wirkte ein Gehilfe *(Kaishakunin)* mit, der dem Selbstmörder nach dem Bauchaufschlitzen – oft nur ein oberflächliches Einritzen der Bauchdecke – mit einem Schwert den Kopf abschlug.

Doppelselbstmord

Als Kaiser Hirohito 1945 sein Volk zur Kapitulation aufforderte, beging eine Anzahl von Offizieren Seppuku, darunter auch der Kriegsminister, General Anami. Dass Liebende gemeinsam aus dem Leben scheiden, weil ihre Familien oder gesellschaftliche Normen ihre Verbindung missbilligen, ist nichts besonders Japanisches. In der Edo-Zeit mit ihren streng überwachten Standesregeln war der Doppelselbstmord aus Liebe (*Jōshi* oder *Shinjū*) in Japan aber besonders häufig. Er ist auch das Thema vieler ▶ Kabuki-Stücke aus dieser Zeit. 1999 registrierte man in Japan 33 000 Selbstmorde.

Sexualität

Tabata-Schrein

Alljährlich am 15. März bewegt sich ein merkwürdiger Festzug durch Komaki, eine Provinzstadt bei Nagoya. An der Spitze des Zuges flattert ein über 1000 Jahre altes Banner, das mit einem großen Phallus bemalt ist. Ihm folgt ein Trageschrein, unter dessen Baldachin ein holzgeschnitzter, scharlachrot lackierter Riesenpenis hervorschimmert. Der Zug endet am Tabata-Schrein, der seit alten Zeiten einen Peniskult pflegt und eine stattliche Sammlung von Stein- und Holzskulpturen des männlichen Glieds besitzt. Zehn Kilometer entfernt werden im Ōagata-Schrein von Inuyama Muscheln als Vaginasymbol verehrt. Beim Festumzug dieses Schreins, jeweils an einem Sonntag Mitte März, ist Hauptattraktion die Nachbildung einer riesigen Muschel: Sie öffnet und schließt sich um eine junge Frau, die von Zeit zu Zeit Reiskekse ins Publikum wirft. Urwüchsige Fruchtbarkeitsriten gehörten früher zum Jahresbrauchtum zahlreicher Shintō-Schreine. Was davon übrig geblieben ist, wird als Kuriosität vermarktet.

Ōagata-Schrein

Ganz natürlich

Sexualität galt im alten Japan als etwas ganz Natürliches. Zwar predigten einige buddhistische Sekten sexuelle Mäßigung oder gar Enthaltsamkeit. Christliche Vorstellungen von »Sünde« aber waren unbekannt und stoßen auch heute bei den meisten Japanern auf wenig Verständnis. Doch haben westliche Einflüsse seit dem 19. Jahrhundert und besonders die moralisierende Besatzungspolitik der Amerikaner nach 1945 den Japanern viel von ihrer Unbefangenheit gegenüber der Sexualität genommen. Heute fehlen verbindliche Maßstäbe. Unsicherheit kennzeichnet die öffentliche Haltung.

Moralisierende Besatzungspolitik

Die Sexualerziehung an Schulen steckt noch in den Kinderschuhen, Methoden zur Empfängnisverhütung werden nicht erörtert. Die »Pille« wurde erst 1999 als Mittel zur Abwendung einer Schwangerschaft zugelassen. Das am häufigsten benutzte Verhütungsmittel sind Kondome. Doch können Abtreibungen anders als in Deutschland auch aus wirtschaftlichen Gründen vorgenommen werden, sofern die Leibesfrucht noch »nicht in der Lage ist, außerhalb des Mutterleibs weiterzuleben«. Diese Frist wird den Fortschritten der Medizin an-

Verhütungsmittel

gepasst. 1990 wurde sie auf 22 Wochen seit der Empfängnis verkürzt. Vor Einführung dieser liberalen Regelung durch das »Gesetz über Eugenik und Mutterschutz« von 1948 waren Abtreibungen in Japan strafbar.

Die Zahl der Schwangerschaftsabbrüche beträgt jährlich mehr als eine halbe Million. Fast drei Viertel der amtlich erfassten Abtreibungen entfallen auf die Altersgruppe ab 25 Jahren. Daraus schließt man, dass vor allem verheiratete Frauen unerwünschte Schwangerschaften beenden lassen. Aber natürlich treiben auch Unverheiratete ab, denn uneheliche Kinder und deren Mütter werden immer noch schief angesehen. Auf Tempelfriedhöfen stehen oft viele Reihen kahlköpfiger Steinfiguren. Sie wurden von Frauen oder Ehepaaren gestiftet und heißen *Mizuko Jizō*. Viele sind hellblau gefärbt, tragen blaue Lätzchen oder rote Babymützen. Mizuko bedeutet »Wasserkind«, die Umschreibung für eine abgetriebene Leibesfrucht. Jizō ist eine buddhistische Gottheit, die als Schutzpatron der Kinder und schwangeren Frauen verehrt wird.

Abtreibung

Mizuko Jizō

Sport

Anfang der 1990er Jahre brach in Japan plötzlich – aber nicht zufällig – das Fußballfieber aus. Seither ist die »J. League«, das Gegenstück zur deutschen Bundesliga, mit ihren zwölf Profimannschaften in aller Munde. Die Umwandlung des Amateurverbands in eine Berufsliga und eine intensive Werbekampagne haben Wirkung gezeigt. Gezielt wurden junge, berufstätige Frauen angesprochen: Sie sind begeisterungsfähig und meist gut bei Kasse. Und wo junge Frauen hingehen, da zieht es auch die Männer hin. Zu Tausenden drängen vor allem junge Leute in die Fußballstadien. Städte und Gemein-

Fußball

den reißen sich darum, mit Staatszuschüssen neue Stadien zu bauen, um sich damit als Standort für eine neue Mannschaft attraktiv zu machen. Was in den USA bisher nicht recht gelungen ist, haben die Japaner geschafft: Fußball ist bei ihnen binnen weniger Jahre zu einem Massen(zuschauer)sport geworden. Die Mitwirkung vieler ausländischer Spieler – darunter auch bekannte deutsche – und mancher ausländischer Trainer sorgt zudem für praktizierte Weltoffenheit. 1997 qualifizierte sich Japan erstmals für den Weltcup, 2002 trägt es selber – zusammen mit Südkorea – die Weltmeisterschaft aus.

Fußballweltmeisterschaft

Aber trotz des Fußballtriumphs ist *Yakyū* (Baseball) noch der populärste Sport in Japan, sowohl beim Publikum als auch bei den Aktiven, unter Profis ebenso wie bei den Amateuren. In den 1970er Jahren von einem amerikanischen Lehrer eingeführt, hat Baseball in Japan eine lange Tradition. Schon kleine Buben üben vor der Haustür mit Papa, Mama oder Geschwistern das Schlagen, Werfen und Fangen des kleinen harten Lederballs. Selbst Großmütter sitzen stundenlang vor dem Fernsehschirm, wenn die Meisterschaftsspiele der beiden Profiverbände »Central League« und »Pacific League« oder die Ausscheidungskämpfe der Schulamateure übertragen werden.

Baseball

Auch Golf ist in Japan ein Massensport mit Tradition. Den ersten Golfplatz des Landes hat 1901 ein englischer Kaufmann in Kōbe eröffnet. Wegen der hohen Kosten wird Golf vorwiegend von den Angestellten großer Unternehmen gespielt. Viele Firmen unterhalten eigene Golfplätze oder besitzen Mitgliedschaften in Golfklubs, die wie Aktien gehandelt werden. Preiswerter kann man der Leidenschaft auf umzäunten Übungsplätzen frönen, die an Ausfallstraßen der Großstädte,

Golf

zum Teil auch mitten in der Stadt oder sogar auf Hochhausdächern betrieben werden – mit Flutlicht bis spät in die Nacht! Ähnliche Einrichtungen gibt es für Baseball. Wie in einem großen Käfig sind die Spieler hinter Drahtgitter aufgereiht und versuchen, die ihnen von Wurfmaschinen zugespielten Bälle zu treffen.

Golf auf dem Hochhaus

Major Theodor von Lerch, seines Zeichens k.u.k. Militärattaché von Österreich-Ungarn in Tokyo, hat anno 1911 in den Bergen von Niigata japanischen Soldaten das Skilaufen beigebracht. Aus diesen Anfängen hat sich unter Japanern der Brauch erhalten, für viele Skibegriffe deutsche Ausdrücke – wie etwa Bindung, Stock oder Gelände – zu verwenden. Heute bevölkern Millionen Ski fahrende Japaner im Winter Hokkaido und den schneereichen Nordosten der Hauptinsel Honshū. Das ganze Jahr über besteht sogar die Möglichkeit, unter einer riesigen Plastikglocke in der Nähe von Tokyo auf künstlichem Schnee den Abfahrtslauf zu

Skilaufen

Selbst in Großstädten hat man die Möglichkeit, seiner Golfleidenschaft zu frönen

übem. 1998 hat Japan in Nagano bereits seine zweiten Olympischen Winterspiele ausgerichtet.

Sumō

Fast alle bei uns bekannten Sportarten werden auch in Japan praktiziert, außerdem einige spezifisch japanische wie *Sumō* und andere ▶Kampfsportarten. Zu einem Volkssport hat sich der Marathonlauf entwickelt. Dabei sind Mitmachen und das Ziel erreichen wichtiger als die dafür benötigte Zeit – Geschwindigkeitsrekorde überlässt man den Berufsläufern. Welchen Sport auch immer Japaner betreiben, die Ausrüstung sollte neu und vorzeigbar sein, wenn es um Golf und Skifahren geht, auch modisch aktuell. Sport ist daher ein ziemlich teures Vergnügen, oft steht der Aufwand in keinem vernünftigen Verhältnis zur Ausübung.

Auf die Ausrüstung kommt es an

▶ Sprache und Schrift

Die Übernahme der chinesischen Schrift durch die Japaner seit dem 6. Jahrhunder hat auch eine Verbindung zwischen den beiden Sprachen hergestellt. Ein Großteil des chinesischen Wortschatzes wurde integriert. Japanische Hauptwörter, die aus mehreren Schriftzeichen bestehen, sind meist chinesischer Herkunft und werden in Anlehnung ans Chinesische ausgesprochen. In Verbindung mit Verben wie »sein« oder »tun« dienen sie zudem als Tätigkeitswörter. Das Ergebnis ist ein riesiger Wortschatz und eine Vielzahl gleich lautender Wörter mit unterschiedlicher Bedeutung (Homonyme), deren Sinn sich erst aus dem Zusammenhang oder der Schreibweise erschließt. So kann *Kōen* Park, Vortrag, Aufführung, Flamme oder Unterstützung bedeuten.

Chinesische Herkunft

Einfaches Japanisch

Einfaches Japanisch ist leicht zu lernen. Die Verbformen unterscheiden sich nur nach der Zeit und dem Grad der Höflichkeit, nicht nach der Person. Haupt- und Eigenschaftswörter oder Fürwörter brauchen nicht dekliniert zu werden und sind geschlechtsneutral. Ein Plural, die Stellung im Satz als Subjekt oder Objekt und vieles andere werden durch Zusatzworte (Partikel) ausgedrückt. Subjekt oder Objekt eines Satzes können oft weggelassen werden: Man denkt sich das Fehlende hinzu.

Japanische Höflichkeitssprache

Kompliziert sind die Regeln der japanischen Höflichkeitssprache *(Keigo)*. Persönliche Beziehungen werden hierarchisch und nach dem Grad der Vertrautheit – die eigene oder andere Seite, ein neutraler Dritter – unterschieden. Das geschieht durch Zusätze oder alternative Ausdrücke. *Uchi* bedeutet Haus und im übertragenen Sinne die Seite des Sprechenden: ich, wir. Um den ehrerbietenden Zusatz *O* zu *O-Uchi* erweitert, ist damit die Seite des Gesprächspartners gemeint, auch im Sinne von Du, Sie. *Hito* oder *Kata* bedeuten beide Mensch, Person, jemand, wobei Hito für die eigene Seite, Kata für die des Gesprächspartners verwendet wird. *Uchi no Hito* ist »jemand von uns«, also aus der eigenen Familie, dem eigenen Haushalt oder Verein, der eigenen Schule oder Firma; *O-Uchi no Kata* dagegen ist jemand aus dem Umfeld des Gesprächspartners. Reden zwei Nachbarsfrauen über ihre Hausmädchen oder Kinder, benutzen sie Hito, sprechen sie jedoch höflich-respektvoll über einen Dritten, sagen sie Kata. Ähnlich differenziert ist die Verwendung der Verben. Auch Japaner sind in diesen Dingen nicht immer sattelfest.

Schwieriges Zählen

Ziemlich schwierig ist das Zählen auf Japanisch, da den Zahlen je nach Art des gezählten Gegenstandes andere Endungen hinzuzufügen sind; im Deutschen gibt es Ähnliches nur in Ausdrücken wie fünf Blatt Papier. Fünf heißt auf Japanisch *go;* zählt man aber flache Gegenstände wie Papier oder Bücher, heißt es *go-mai,* bei länglichen Dingen wie Bäume oder Beistifte *go-hon* …

Beim Zählen von Tieren unterscheiden Japaner sogar zwischen Art oder Größe! Bei Preisvergleichen kann man schnell ins Schwitzen kommen: Die Japaner unterteilen das Dezimalsystem anders als wir. Eine Million sind »Hundertzehntausend« *(Hyaku-man),* zehn Millionen »Tausendzehntausend« *(Sem-man),* hundert Millionen ein *Oku,* eine Milliarde zehn Oku. Da Japans Währung keine höhere Einheit als den *Yen* kennt, der in etwa dem europäischen Cent entspricht, ist man sehr schnell bei extrem hohen Zahlenwerten!

Unterteilung des Dezimalsystems

Das japanische Schriftsystem besteht aus drei Elementen: chinesischen Schriftzeichen *Kanji* und den zwei daraus von den Japanern entwickelten Silbenschriften *Hiragana* und *Katakana.* Große Lexika enthalten bis zu 50 000 Kanji. In der Schule lernen die Kinder rund 2000 Schriftzeichen. Für eine Tageszeitung braucht man etwa 650 Kanji und die beiden Silbenschriften. Kanji haben zumindest zwei Aussprachen, die vom Chinesischen abgeleitete *On-yomi* und die japanische *Kun-yomi.* Oft gibt es jedoch viel mehr Lesarten. Die Silbenschriften bestehen aus jeweils 46 Zeichen, die ihrerseits variiert und kombiniert werden können. Mit den runden, eleganten Hiragana schreibt man Endungen, Partikel und Füllwörter. Man kann sie aber auch an Stelle von Kanji benutzen. Die eckig-harten Katakana werden zur Wiedergabe von Fremdwörtern und ausländischen Namen benutzt, ferner bei Telegrammen und Computertexten. Japanisch wird entweder traditionell von oben nach unten mit senkrechter Zeilenfolge von rechts nach links geschrieben oder westlich von links nach rechts mit waagrechten Zeilen von oben nach unten. Bücher sind meist in der traditionellen Schreibfolge gedruckt, Zeitungen benutzten beide Verfahren, auch auf derselben Seite.

Kanji

Hiragana

Katakana

Statussymbole

Gelegentlich sieht man noch betagte Japanerinnen mit großen, auffälligen Goldzähnen: So zeigten die Neureichen des »Wirtschaftswunders« der Nachkriegszeit ihren Wohlstand. Ein wenig verstaubt ist die Vorstellung, wer eine Baskenmütze trägt, sei ein Künstler, Schriftsteller, Professor oder Kritiker. Beim Hausbau wird Wert auf ein stattliches Eingangstor gelegt. Eine angesehene Schule oder Universität zu besuchen, hat hohen Prestigewert. Wie gut die Leistungen sind, interessiert nur bei der Aufnahmeprüfung (▶ Bildung). Schon ältere Schüler lassen sich ▶ Visitenkarten drucken. Bei einem bekannten Unternehmen beschäftigt zu sein, verhilft zu beträchtlichem Ansehen. Was man dort macht, ist nebensächlich.

Stattliches Eingangstor

Angesehenes Unternehmen

Leute, die in dicken Ami-Schlitten herumfahren, mögen Immobilienmakler sein oder zur organisierten Unterwelt gehören. Japans Gangster (▶ Kriminalität) fahren auch gern Mercedes. Das hat dem Ruf der deutschen Nobelkarossen aber nicht sonderlich geschadet. Sie gelten als Symbole vornehmen Wohlstands, zusammen mit dem britischen Rolls-Royce; es darf auch ein »Baby-Benz« für die Tochter sein. BMWs werden als Ausweis betuchter Sportlichkeit und Individualität geschätzt. Längst bauen auch die Japaner stattliche Autos. Schwarze Limousinen mit getönten Scheiben, uniformiertem Chauffeur und mehreren Außenantennen riechen nach Geld und Einfluss. Wichtigtuer lassen sich die Akten von einem Sekretär tragen. Wer demonstrieren will, wie beschäftigt er ist, hat natürlich ein Mobiltelefon. Sportliche Freizeittypen kutschieren einen Edeljeep aus den USA oder ähnliche Off-Road-Fahrzeuge aus heimischer Produktion durch die verstopften Großstadtstraßen. Mitgliedschaften in ei-

Nobelkarossen

Mobiltelefon

nem Golfklub oder im Fitnessklub eines angesehenen Hotels sind begehrte Prestigeobjekte. Teure Kimonos (▶ Kleidung) für die Ehefrau oder Tochter, eine aufwändige ▶ Hochzeit sollen Eindruck machen. Man trägt gern Markenartikel bekannter Modehäuser aus Frankreich, England oder Italien. Schmuck spielt keine so große Rolle wie in Europa, aber beim obligaten Diamantring für die Verlobung wird darauf geachtet, wie teuer er wohl war.

Marken-artikel

▶ Klassenunterschiede

Jede feudalistische Ordnung ist hierarchisch aufgebaut, vertikal, von unten nach oben. Bei der konservativen Grundhaltung der Japaner ist es daher nicht verwunderlich, daß sie jene hierarchische Gliederung aus dem Feudalismus in ihre moderne Industriegesellschaft hinübergerettet haben. Auch in der heutigen japanischen Gesellschaftsordnung kennt jeder seinen Platz und seine Pflichten. Von Gleichmacherei halten die Japaner wenig, sie ist ihnen eher peinlich. Wer oben steht, hält auf Distanz und biedert sich nicht an, wer unten seinen Platz hat, lehnt sich nicht auf. Klassenunterschiede finden Japaner kaum erniedrigend, zumal sie sich fast alle dem Mittelstand zurechnen.

Neid ist keine japanische Nationaleigenschaft. Erkennbarstes Statussymbol derer, die die Spitze der Pyramide bilden, sind schwarze Dienstwagen, gesteuert von Fahrern, die allesamt weiße Strickhandschuhe tragen. Wo immer Elite zusammenkommt, parken dunkle Limousinen in langen Reihen, wobei sich die Fahrer die Zeit vertreiben, indem sie mit weichen Federbüschen den Staub von ihren blitzenden Karossen fegen. Nichtstuend herumzustehen könnte als Desinteresse ausgelegt werden. Je nach Rang existieren Abstufungen, vom Dienstwagen mit festem Fahrer, der den höchsten Chefs den ganzen Tag zur Verfügung steht, über jene Firmenwagen, welche die Privilegierten morgens abholen und abends nach Hause bringen, bis zu den Mietwagen, die sich die Rangniederen bestellen dürfen. Fest steht, daß in keinem anderen Land der Welt ein ähnlicher Aufwand mit Dienstwagen samt Fahrern getrieben wird. Wobei nur der Vollständigkeit halber hinzugefügt sei, daß im verstopften Tokio das Büro mit der U-Bahn meist in der halben Zeit zu erreichen wäre, häufig sogar auf einem Sitzplatz, da die Mehrzahl der Privilegierten nicht zu den Frühaufstehern gehört.

Andere Statussymbole entziehen sich dem Blick Außenstehender, nicht jedoch der Einsicht der Kollegen und Untergebenen. Hierzu gehört das Recht, auf Firmenkosten bewirten zu dürfen, wobei Japan ebenfalls weltweit führt. Daß die alljährlichen Bewirtungsspesen der japanischen Industrie dem Verteidigungsetat gleichkommen, vermittelt einen Eindruck von den Größenordnungen. Erst wenn man zu dem reinen Gehalt eines leitenden Mitarbeiters jenen meist festen monatlichen Betrag hinzurechnet, den er für Bewirtungen im weitesten Sinn ausgeben darf, wozu Geishahäuser ebenso gehören wie Golfclubs, bekommt man einen Begriff vom echten monatlichen Einkommen. Die schockierend hohen Preise von Tokios Luxusrestaurants lassen sich nur dadurch erklären, daß kaum einer der Besucher die Kosten aus seiner eigenen Tasche begleichen muß.

Aus: Gerhard Dambmann. »25mal Japan«, Piper-Verlag, München 1985.

Tabus

Schuhe aus

Den Straßenschmutz ins Haus zu tragen, ist unhygienisch. Deshalb zieht man in Japan am Haus- oder Wohnungseingang die Schuhe aus (▶Wohnen). Wenn einzelne Räume des Hauses, in einem Hotel oder Tempel mit Reisstrohmatten, *Tatami,* ausgelegt sind, darf man diese nur in Strümpfen oder barfuß betreten. Stehen am Eingang zur Toilette »Klopantoffeln«, sollten diese nur dort benutzt werden.

Knigge für Badehäuser

In öffentlichen Badehäusern ist das Badewasser für alle da. Es wäre daher ungehörig, ungewaschen oder mit Seifenschaum ins Becken zu steigen. Entsprechendes gilt für die private Badewanne, sofern es Mitbewohner gibt (▶Badekultur). Reinlichkeit wird in Japan groß geschrieben.

Reinheitsgebote

Es gibt aber auch religiös motivierte Reinheitsgebote. So spülen Japaner vor dem Schreinbesuch den Mund mit Wasser aus und waschen sich die Hände. Von Ausländern wird das aber nicht erwartet, Japaner sind in religiösen Dingen ziemlich tolerant. Andere Reinheitsriten – etwa das Salzstreuen vor einem *Sumō*-Ringkampf – werden nur noch als Brauchtum befolgt. Die Vorstellung, dass bestimmte Leute wegen ihres Berufs oder ihrer Herkunft »unrein« seien, ist die Wurzel der Diskriminierung von *Burakumin* (»Dorfbewohner«, ▶Minderheiten). Das Thema ist in Japan weitgehend tabu, obwohl die Betroffenen immer noch viele Probleme haben.

Kritische Diskussionen

Tabu sind für die meisten Japaner auch kritische Diskussionen über das ▶Kaiserhaus, etwa über die Rolle Kaiser Hirohitos im Kriege. Japaner vermeiden Ausdrücke, die Unglück verheißen oder zugleich eine andere, unwillkommene Bedeutung haben wie das Zahlwort *shi* = vier, da *Shi* auch »Tod« bedeuten kann. Ausländische Besucher ohne Japanischkenntnisse können aber kaum in diese Fettnäpfchen treten.

Teezeremonie

Tee hält wach wie Kaffee. Als der indische Mönch Bodhidharma den Chinesen im 6. Jahrhundert den *Zen*-Buddhismus nahe brachte, soll er sie ermuntert haben, beim Meditieren Tee zu trinken, um nicht einzudösen. Die chinesischen Zen-Mönche machten einen Kult daraus, der mit dem Buddhismus von China nach Japan gelangte. Dort blieb das Teetrinken lange Zeit eine Sache der Mönche und des Adels. Erst gegen Ende des 17. Jahrhunderts haben zwei Urenkel des berühmten Teemeisters Sen no Rikyū (1522–1591) jene beiden Teeschulen gegründet, die den »Weg des Tees«, *Cha-dō* oder *Sa-dō,* unters Volk gebracht und die Teezeremonie, *Cha no Yu* (»heißes Teewasser«) popularisiert haben. Die zwei Schulen – Omote Senke und Ura Senke (»Vorderhaus Sen« und »Hinterhaus Sen«) – haben Millionen Anhänger. Die »vordere« Schule lehrt aristokratische Formen der Teezeremonie, die »hintere« volkstümliche.

Zen-Mönche

Ideale Bedingungen für die Teezeremonie

Sen no Rikyū war der Teemeister großer Feldherren und hat sogar Kaisern den Tee kredenzt. Sein Ziel war es, den in höfischem Luxus entarteten Teekult auf seine Grundelemente zu reduzieren. Die Teezeremonie sei »nichts anderes als

Wasser zu kochen, Tee aufzubrühen und zu trinken«. Statt des aus China importierten Teegeschirrs zog er rustikale Keramikschalen aus Japan, eiserne Teekessel und Blumenbehälter aus heimischem Bambusrohr vor.

Erlesenes Teezimmer

Das Teehaus – *Cha-shitsu,* »Teezimmer« –, in dem das schaumig-grüne Getränk serviert wird, sollte klein und aus einfachem, aber erlesenem Material gestaltet sein. Als Schmuck genügen ein Rollbild mit schlichter Tuschmalerei, eine Blume oder ein schöner Zweig. Mit weißem Papier bespannte Schiebetüren sorgen für gedämpftes Licht, als ideale Zimmergröße gelten viereinhalb Tatami-Matten (▶Wohnen). Alles soll zueinander passen, auch der Zugang durch eine niedrige Tür, sodass man sich bücken muss, um hineinzugelangen.

Die Bewegungen bei der Zubereitung von Wasser und Tee, beim Teegenuß und der Reinigung der Gefäße sind sparsam und genau vorgeschrieben. Das Teepulver wird mit einem Schneebesen aus einem aufgespaltenen Stück Bambusrohr geschlagen, damit es keine Klumpen bildet.

Tee-utensilien

Mit den Teeutensilien wird übrigens längst wieder schlimmer Luxus getrieben. Eine einzige Teeschale kann Hunderte, sogar Tausende von Mark kosten. Über den Sinn der Teezeremonie wird viel philosophiert. Der Mensch soll dabei still und demütig in sich gehen und mit reiner Seele die harmonische Einheit mit dem Kosmos suchen. Teure Demut.

▶ Theater

Neben den traditionellen Bühnenkünsten wie ▶Bunraku, ▶Nō oder ▶Kabuki gibt es in Japan auch Theater

Shingeki

im westlichen Sinn, das *Shingeki* (Neues Theater). Den Anstoß zu seiner Entwicklung lieferten Übersetzungen einiger Dramen von Henrik Ibsen. Sie öffneten den Japanern die Augen für Formen der Auseinandersetzung mit den Umwälzungen in ihrer Gesellschaft, die mit den Stilmitteln des Traditionstheaters nicht zu leisten war. Als Vater des Shingeki gilt Osanai Kaoru (1881–1928). 1909 gründete er nach Pariser Vorbild ein Freies Theater *(Jiyū Gekijō)*, das westliche und bald auch japanische Stücke aufführte. Osanais Kleines Theater im Tokyoter Stadtteil Tsukiji *(Tsukiji Shōgekijō)*, 1924 mit Hilfe eines wohlhabenden Schülers erbaut, diente auch als Theaterschule. Prominentester Theatermann der Nachkriegszeit – als Schauspieler, Regisseur, Lehrer und Förderer – ist Senda Koreya (1904–1994). Er hatte in Osanais Kleinem Theater als Schauspieler debütiert, ging 1927–1931 nach Berlin und wirkte dort in Erwin Piscators proletarischem Theater mit. Nach der Rückkehr gründete Senda in Tokyo eine Theatergruppe, mit der er 1932 eine eigene Bearbeitung der »Dreigroschenoper« von Bertolt Brecht produzierte. Senda errichtete 1954 Japans bedeutendste Bühne für modernes Theater, das *Haiyūza* (Schauspielertheater).

Osanai Kaoru

Senda Koreya

Abseits vom großen Theater blühen auf Kleinkunstbühnen *(Yose)* oder im Fernsehstudio volkstümliche Vortragskünste mit oft langer Geschichte. Beim *Rakugo* sitzt ein Erzähler im Kimono allein auf der Bühne und gibt meist lustige Geschichten aus der Sicht des »kleinen Mannes« zum besten. Seine einzigen Hilfsmittel sind ein Fächer und ein Handtuch. Beim *Manzai* führen zwei Komiker, ein Schlauer und ein Tölpel, witzige Dialoge über aktuelle Themen.

Kleinkunstbühnen

Tiere

In den Wäldern von Hokkaidō leben Japans größte Raubtiere, die Braunbären *(Hi-guma)*. Aufgerichtet erreichen sie 2 m, wiegen bis zu 400 kg und fallen gelegentlich auch Menschen an. Der Braunbär gilt den Ainu

Bären

(▶ Bevölkerung) als Inkarnation ihres höchsten Gottes. Da die Bestände bedroht sind, ist die Bärenjagd streng reguliert. Kleinere und friedlichere Kragenbären mit weißen Flecken auf dem schwarzen Brustfell sind im Bergland von Nord- und Mittel-Honshū heimisch. Von beiden Bärenarten schätzen die Japaner außer dem Fell die Gallenblase, die – getrocknet – als Rohstoff für Magenheilmittel dient. **Dachs und Fuchs** Der Dachs *(Tanuki)* spielt in japanischen Fabeln eine ähnliche Rolle wie in Europa der schlaue Fuchs – beide spielen bisweilen dem Menschen einen Streich. Der Fuchs wird auch als Reisgottheit und Wohlstandsbringer verehrt, seine Standbilder zieren die Schreine des Inari-Kults (▶ Reis). **Kranich** Japan hat kein eigentliches Wappentier, aber der Kranich *(Tsuru)* wird gern in Familienwappen und Firmensymbolen verwendet. Der elegante Vogel gilt als Glücksbringer und Symbol für ein langes Leben, ähnlich wie Schildkröten und Karpfen. **Zikaden** Das durchdringende Zirpen der Zikaden *(Semi)* – übrigens hässliche Insekten, die wie stark vergrößerte Fliegen aussehen – kündigt den Japanern den Sommer an – wie die Rückkehr der Schwalben bei uns. Eine kleinere Verwandte, die unseren Grillen ähnliche Glöckchenzikade *(Suzu-mushi)*, wurde früher wegen ihres lieblichen Zirpens in Käfigen gehalten. Kinder, v. a. Jungen, halten sich gern Hirschkäfer *(Kabuto-mushi)*.

▶ Tod und Bestattung

Im Kirigaya-Krematorium in Tokyo können gleichzeitig acht Leichen verbrannt werden, wie sich an den Stahltüren in der Rückwand der großen Halle abzählen lässt. **Einäscherung** Es findet gerade eine buddhistische Einäscherung statt, eine christliche ist angemeldet. Die Angehörigen, in schwarzen Kimono oder westlicher Trauerkleidung, haben sich um den in Brokatstoff gehüllten Sarg aus rohem Holz versammelt, der auf einem Rollwagen ruht. Sie werfen einen letzten Blick auf das von Blumen umrahmte Gesicht des Toten, der Priester spricht seine Sutras. Bedienstete in Uniform schließen den Sargdeckel und öffnen die Tür zu einer der Brennkammern. Sie verbeugen sich vor den Trauernden und dem Toten, bevor sie den Sarg hineinschieben und die Tür verriegeln. Es werde etwa eine Stunde dauern, sagt ein Mann vom Begräbnisunternehmen und geleitet die Trauergäste ins Obergeschoss, wo ein Raum reserviert ist und Essen und Getränke gereicht werden.

Später geht man wieder hinunter in die Halle. Die Uniformierten öffnen nach erneuten Verbeugungen eine Stahltür, ziehen die feuerfeste Bahre mit den sterblichen Überresten aus der Brennkammer und schaufeln das Häuflein aus Asche und Knochenresten auf eine Art Teewagen aus blank geputztem Edelstahl. Einer der Männer packt die bereitstehende Urne aus. »Nun wollen wir die Gebeine in die Urne füllen«, sagt ein Uniformierter und hält, die Hände in weiße Handschuhe gehüllt, den Trauernden zwei Paar Holzstäbchen entgegen, wie man sie in dieser Länge gewöhnlich zum Kochen benutzt. »Bitte sehr, zuerst die engsten Angehörigen, und immer nur einen Knochen!« Während die Witwe und die Kinder des Toten mit Tränen in den Augen die Stäbchen ergreifen und vorsichtig die ersten Knochenreste in die offene Porzellanurne legen, kommentiert der Mann in Uniorm mit ruhiger Stimme: »Das da ist ein Hüftknochen …, dies ist ein Stück von der Schädeldecke …, die Gebeine des Verstorbenen sind ungewöhnlich weiß, eigentlich sehr schön …, aber sie sind auch schon sehr porös und zerfallen leicht.« Die Erläuterungen erfüllen ihren Zweck. Die Atmosphäre entspannt sich. Die weiteren Angehörigen ergreifen die

Asche und Knochenreste

Offene Porzellanurne

Stäbchen mit sicherer Hand und hantieren mit ihnen fast routinemäßig. Nachdem jeder an der Reihe war, bedankt sich der Uniformierte, so als hätten ihm die Trauernden bei der Arbeit geholfen. Mit einer silbernen Kelle füllt er Asche und Knochenreste in die Urne, schließt den Deckel und verschnürt sie mit Bändern. Bevor er eine Stoffhülle über die Urne stülpt, legt der Mann noch einen Umschlag mit der Beerdigungserlaubnis des Standesamts auf den Deckel. »Wer soll die Urne tragen?«, fragt der Uniformierte. Der älteste Sohn tritt hervor und bekommt das Paket in die Arme gedrückt.

Hausaltar

Mit schwarzen Mietwagen fährt man zum Haus des Verstorbenen. Die Urne wird im Wohnzimmer vor dem Hausaltar aufgestellt. Dort steht zwischen Blumenschmuck ein großes Foto des Toten, eine schwarze Schleife ist um den Bilderrahmen gewunden. Später, wenn die Gäste gegangen sind, wird die Witwe vor der Urne niederknien und mit ihrem Mann reden, so als sei er noch am Leben. Der Umgang der Japaner mit ihren Toten ist vertraut und natürlich, die Kluft zwischen Leben und Tod geringer als in Europa. Die abendliche Trauerfeier im engsten Familienkreis (*O-Tsūya,* Nachtwache) und die allgemeine Trauerfeier *(O-Sōshiki)* am folgenden Tag fanden früher zu Hause statt, der Priester wurde hinzugeholt. Heute weicht man aus Platzgründen auf Tempel oder Trauerhallen aus. Doch steht der Sarg zunächst zu Hause offen im Wohnzimmer, der Leichnam mit Blumen geschmückt und zur warmen Jahreszeit auf Trockeneis gebettet.

Vertrauter Umgang mit Toten

Feuerbestattung

Die Feuerbestattung ist zusammen mit dem Buddhismus nach Japan gekommen. Schon Kaiserin Jitō wurde anno 703 verbrannt. Ohne Feuerbestattung käme man heute nicht mehr aus. Denn in den Großstädten gibt es kaum noch Grabstätten. Wer einen Toten unverbrannt beerdigen will, braucht eine Sondergenehmigung. Todesfälle sind binnen einer Woche beim Standesamt zu melden. Dieses erteilt, sofern kein Verdacht auf eine Straftat oder sonstige Bedenken bestehen, die Genehmigung zur Feuerbestattung. Was nach der Einäscherung geschieht, bleibt der Familie überlassen. Sie darf die Urne sogar zu Hause behalten. Meistens wird sie aber auf einem öffentlichen oder Tempelfriedhof beigesetzt. Wenn die Hinterbliebenen an verschiedenen Orten wohnen, wird die Asche häufig geteilt.

Toiletten

Japan ist eine Wettbewerbsgesellschaft, auch bei der Befriedigung natürlicher Bedürfnisse. Gemeinden und Unternehmen haben erkannt, dass man mit attraktiven Hygieneeinrichtungen Touristen und Kunden anlocken kann. Kaufhäuser, Hotels und Eisenbahngesellschaften, Lokale oder Vergnügungsparks konkurrieren mit der Sauberkeit, technischen Ausstattung oder baulichen Gestaltung ihrer »stillen Örtchen«. Die öffentlichen Toilettenhäuschen mancher Stadtviertel sehen eher wie kleine Fantasiepaläste aus. In den 1980er Jahren wurde eine »Japanische Toiletten-Vereinigung« gegründet, die alljährlich zehn hervorragende Exemplare dieser nützlichen Einrichtungen prämiert.

Attraktive Toiletten

Prämierung

Es gibt »westliche« *(western style* oder *Yō-shiki)* und »japanische« *(Nihon-shiki)* Toiletten, oft beides zur Auswahl. Die westliche Variante entspricht dem bei uns üblichen WC, wobei in Privathäusern bisweilen als Zusatzausstattung eine beheizte Brille für die kältere Jahreszeit mit Säuberungsfontäne und Trockengebläse anzutreffen ist. Die japanische Alternative ist eine Kloschüssel

Beheizte Brille

zum Hocken, die in der Regel mit einer Wasserspülung versehen ist; in ländlichen Gegenden, öffentlichen Parks oder auf alten Bahnhöfen begegnet man auch noch der Plumpsversion. Anders als französische oder südeuropäische Hockklos sind die japanischen nicht in den Boden eingelassen, sondern eine Stufe höher installiert. Münztoiletten gibt es bisher kaum. Es steht auch kein Reinigungspersonal herum und wartet auf Trinkgeld. Japans Toiletten sind meist kostenlos zu benutzen. Ungewohnt für Europäer ist aber, dass die Toiletten – oder deren Vorraum – nicht immer nach Geschlechtern getrennt sind.

Kostenlose Benutzung

Tourismus

Wer bei Urlaubsreisen ins Ausland möglichst wenig deutschen Touristen begegnen möchte, sollte nach Japan fahren. Gesalzene Preise und die Angst davor, mit der fremden Sprache und Kultur nicht zu Rande zu kommen, sorgen dafür, dass es nur wenige Deutsche in das fernöstliche Inselreich zieht. Pro Jahr sind es knapp 90 000 – weniger als 250 im Tagesdurchschnitt! Da ein Großteil dieser Besucher zudem Geschäftsreisende sind, kann man die deutschen Touristen in Japan fast vernachlässigen.

Wenig Deutsche

Ganz allgemein verirren sich nicht viele Ausländer nach Japan, nämlich knapp vier Millionen im Jahr, wovon zweieinhalb Millionen aus Asien kommen. Japans Tourismusbilanz ist – im Gegensatz zur Handelsbilanz – stark negativ. Das Fremdenverkehrsgewerbe lebt in erster Linie von den Einheimischen. Das hat den Vorteil, dass die wenigen Besucher aus dem Ausland sehr zuvorkommend behandelt werden. Niemand würde auf den Gedanken kommen, ausländische Touristen übers Ohr zu hauen. Eine seltene Ausnahme sind bestimmte

Einheimische Touristen

Nachtlokale, die man daran erkennen kann, dass Anreißer mit rudimentären Englischkenntnissen gezielt ausländische Passanten ansprechen. Solche Etablissements sollte man meiden. Der Nachteil ist, dass Japan nur unzureichend auf ausländische Besucher eingestellt ist, die der Landessprache nicht mächtig sind. Das ist in Großstädten, großen Hotels oder an bekannten Touristenzielen kein Problem, schränkt aber die Bewegungsfreiheit abseits der gängigen Touristenpfade ein. Wer's dennoch wagt, sich auf eigene Faust in abgelegeneren Gegenden umzusehen, wird oft durch das Erlebnis rührender Hilfsbereitschaft entschädigt und braucht sich in der Regel auch keine Sorgen um die persönliche Sicherheit zu machen.

Hilfsbereitschaft

Umwelt

Anfang der 1970er Jahre gingen schreckliche Bilder um die Welt: Die Fotos von Kindern mit epileptisch verdrehten Augen und starr gespreizten Gliedmaßen waren ein Aufschrei der Opfer organischer Quecksilbervergiftung. Sie hatten jahrelang Meeresfrüchte aus der Minamata-Bucht in Südjapan verzehrt, die mit giftigen Abwassern einer chemischen Fabrik verseucht waren. Die Krankheitssymptome waren zuerst bei Katzen beobachtet worden – Katzen fressen Fisch! Bereits 1959 fand die medizinische Fakultät der Universität Kumamoto heraus, dass es sich bei den an Katzen und Menschen beobachteten Störungen des Nervensystems um eine organische Quecksilbervergiftung handelte. Doch die Behörden blieben untätig. Das Chemiewerk war der größte Steuerzahler am Ort.

Minamata-Fall

Quecksilbervergiftung

1965 kam es in Nordostjapan zu einer ähnlichen Katastrophe; dort wurde ein Fluss mit Chemieabwässern vergiftet. Erst Jahre später erkannte die Regierung den kausalen Zusammenhang zwischen quecksilberhaltigen Abwässern und der »Minamata-Krankheit« an. Eine Serie von Prozessen war die Folge. Die ersten Gerichtsurteile ergingen 1971 und 1973: Die beiden Unternehmen wurden als Verursacher zur Zahlung von Schadensersatz verurteilt.

Mitverantwortung der Behörden

Eine Mitverantwortung der Behörden wurde erstmals 1987 und erneut 1993 von einigen Gerichten anerkannt; andere verneinen sie. 1995 rang sich die Regierung endlich zu einer politischen Lösung durch. 1996 akzeptierten die verschiedenen Klägergemeinschaften den Vergleich.

Umweltskandale

Der Minamata-Fall war Japans schlimmster Umweltskandal. Andere bekannte Fälle sind die Kadmium-Vergiftung in Toyama mit über 1000 *Itai-Itai*-Kranken, die mehr als 800 Asthma-Erkrankungen in der Industriestadt Yokkaichi oder das früher häufige Auftreten von fotochemischem Smog in den Großstädten. Diese Fälle haben den Japanern die Augen dafür geöffnet, wie Industrie und Behörden über Jahrzehnte hinweg lebens- und gesundheitsbedrohende Gefahren für viele Menschen in Kauf nahmen, um nicht das wirtschaftliche Wohlergehen bedeutender Unternehmen – und damit den wirtschaftlichen Aufstieg Japans – zu gefährden.

Kehrseite des Wirtschaftswunders

Es war die Kehrseite des »Wirtschaftswunders«. Die Handhabung dieser Fälle enthüllte außerdem das Unvermögen oder den Unwillen von Behörden, Justiz und Politik, den Opfern schnell und angemessen zu helfen.

Die bitteren Erfahrungen haben die Öffentlichkeit wachgerüttelt.

Wachsen des Umweltbewusstsein

Unter dem Druck des wachsenden Umweltbewusstseins entwickelte sich eine menschenfreundlichere Umweltpolitik, die auf manchen Gebieten Beachtliches geleistet hat. Das überzeugendste Beispiel ist die Regulierung der Autoabgase. Hier hat Japan –

vom Erlass der ersten Beschränkungen bis zum obligatorischen Einbau von Katalysatoren zur Filterung der Abgase in allen fabrikneuen Pkws – viel schneller, umfassender und wirksamer gehandelt als andere Industrienationen.

Regulierung der Autoabgase

Aber es bleibt noch unendlich viel zu tun. Das Recycling, das in manchen Sektoren schon gut entwickelt ist, steht in anderen erst am Anfang. Mit Verpackungen wird ein unglaublicher Luxus getrieben. Auch deswegen quellen die Abfallhalden über. Und die Bereitschaft der Bürger, sich selbst umweltbewusst zu verhalten, wächst nur langsam. Die Klimaschutzkonferenz 1997 in Kyōto gab dazu neue Impulse.

Recycling

Ende September 1999 schockierte ein neuer Umweltskandal: der Atomunfall von Tōkai-mura. Drei schlecht ausgebildete Arbeiter eines Brennelementewerks lösten durch Leichtsinn eine unkontrollierte nukleare Kettenraktion aus. Mindestens 69 Menschen wurden verstrahlt, zwei der drei Arbeiter starben später. Kriminelle Verantwortungslosigkeit der Betreiberfirma und grobe Mängel bei den staatlichen Sicherheitskontrollen wurden aufgedeckt, die Gutgläubigkeit vieler Japaner in die Sicherheit der Kernkraftwerke – Japan betreibt 50 – grundlegend erschüttert.

Atomunfall

Verkehrsmittel

Japan baut gute Autos. Das hat sich herumgesprochen. Weniger schön ist jedoch das Autofahren in Japan. Gemessen an der Zahl der Fahrzeuge gibt es viel zu wenig Straßenfläche. Deshalb sind kilometerlange Staus gewissermaßen ein Normalzustand. Zudem ist Autofahren in Japan teuer: Für die Benutzung der Autobahnen werden hohe Straßengebühren erhoben, Parken ist meist gebührenpflichtig.

Autofahren ist teuer

Die besten Verkehrsmittel sind Bahn, Flugzeug und Schiff. Das Eisenbahnnetz ist vorzüglich ausgebaut. Die Züge fahren häufig, sie sind schnell, pünktlich und sauber. Die Sitze sind auf die durchschnittliche japanische Körpergröße von 1,70 m zugeschnitten. Mehr Platz bietet nur die 1. Klasse, *Green-sha* (Grüne Wagen) genannt; diese Bezeichnung ist ein Produkt des Wunsches, Klassenunterschiede nicht zu bewerten. Die 2. Klasse – mehr gibt es nicht – heißt *Futsū-sha* (Normalwagen). Platzkarten kann man oft noch eine halbe Stunde vor Abfahrt des Zuges erwerben.

Gutes Eisenbahnnetz

Das größte Streckennetz hat die »JR« (Japan Railways), die Nachfolgerin der – inzwischen privatisierten – früheren Staatsbahn »JNR«. Ihre *Shinkansen*-Superexpresszüge, die mit über 200 km/h auf einem eigenen Gleiskörper durchs Land rasen, brachten es zu Weltruhm. In den großen Ballungsgebieten operieren daneben viele kleinere Eisenbahngesellschaften, die oft auch Wohnungsbaufirmen, Buslinien und Kaufhäuser besitzen.

Shinkansen

U-Bahn und S-Bahn

Innerhalb der Großstädte sind U-Bahn, *Chikatetsu,* und S-Bahn – von der JR oder anderen Privatgesellschaften betrieben – die besten Fortbewegungsmittel, wenn auch nicht gerade während der Stoßzeiten: Die Fotos, auf denen das Bahnpersonal die Fahrgäste in bereits übervolle Wagen hineinschiebt, sind nicht gestellt! Taxis und Busse sind in großer Zahl vorhanden. Für die Fahrgäste erfreulich ist, dass Taxifahrer weder mogeln noch Trinkgeld erwarten (aber sich natürlich darüber freuen).

Flugzeug

Das Flugzeug ist in Japan ein Massenverkehrsmittel. Auf den Hauptstrecken sind Jumbos mit mehr als 500 Plätzen im Einsatz. Es gibt drei große Fluggesellschaften: JAL, ANA und JAS, von denen JAL *(Nihon Kōkū)* die meisten internationalen Strecken und ANA *(Zennikkū)* das dichteste Inlandnetz hat. Die Flugtarife entsprechen etwa einer Bahnkarte 1. Klasse. Außerdem gibt es natürlich viele gute Fährverbindungen – schließlich ist Japan ein Inselreich!

Visitenkarten

Ohne eine *Meishi* zählt der Mensch wenig in der japanischen ▶Gesellschaft. Die Visitenkarte ist ein wichtiges Instrument der Kommunikation, sie gibt Orientierungshilfe und kann auch als Kreditkarte dienen. Eine Begrüßung zwischen Unbekannten beginnt mit dem Austausch der Kärtchen, von denen man immer einen ausreichenden Vorrat mit sich führen sollte. Hat man eine Meishi erhalten, aber selbst keine dabei, wird der höfliche Mensch seine Karte dem Gesprächspartner später zuschicken.

Begrüßung zwischen Unbekannten

Der Kartentausch erfolgt in der Regel stehend – wer sitzt, sollte sich dazu erheben – und ist von Verbeugungen begleitet. Dazu nennt man seinen Namen und die Firma, Behörde oder sonstige Zugehörigkeit, aber ohne Rang oder Titel, und äußert ein paar höfliche Floskeln wie »*Dōzo yoroshiku*« (etwa: Ich bitte um Ihr Wohlwollen) und »*Kochira koso, dōzo yoroshiku*« (Ganz meinerseits. Ich bitte um Ihr Wohlwollen). Wenn man nicht schon vorher weiß, mit wem man es zu tun hat, ist es nicht unhöflich, sich die Karte genauer anzuschauen; Japaner werden manchmal auch Bemerkungen über die Schreibweise des Namens machen. Die Informationen über die Organisation und den persönlichen Rang erleichtern die gegenseitige Einstufung und beeinflussen das Maß an Höflichkeit, mit dem sich die Gesprächspartner gegenseitig behandeln. Im geschäftlichen Verkehr ist die Visitenkarte ein »Muss«. Wenn man

Wichtig für gegenseitige Einstufung

in einem Lokal etwas verzehrt, aber nicht genügend Geld dabeihat, wird sich der Wirt oft mit einer Visitenkarte und dem Versprechen begnügen, den Fehlbetrag baldmöglichst vorbeizubringen.

▶ Wirtschaft

Den ersten Handelsüberschuss nach dem Kriege hat Japan erst 1965 erzielt, und die Ölkrise von 1973/74 traf das Land wie ein Schock. Doch die zweite Ölkrise von 1979/80 haben die Japaner relativ gut bewältigt. Der große Durchbruch kam in den 1980er Jahren, Japan stieg zur zweitgrößten Wirtschaftsmacht der Welt nach den USA auf. Beim Pro-Kopf-Einkommen konkurriert der Inselstaat mit den USA um den Spitzenplatz unter den sieben führenden Industrienationen (G7); Deutschland ist Dritter. Riesige Überschüsse in der Handelsbilanz erwecken den Eindruck, als sei Japan auch beim Export Spitze. Tatsächlich lag es aber bisher nur auf dem dritten Platz, und als Exportweltmeister wechseln sich die USA und Deutschland ab. Die japanische Wirtschaft ist nur halb so abhängig vom Export – gemessen am Anteil der Ausfuhren am Bruttoinlandsprodukt – wie die deutsche.

Zweitgrößte Wirtschaftsmacht

In der Meiji-Zeit (▶ Geschichte) hatte die politische Führung beschlossen, der Gefahr einer Kolonisierung durch die Westmächte mit einer beispiellosen Modernisierung von Staat und Gesellschaft zu begegnen. Mit der Parole »Den Westen einholen und überholen« wurde das Volk für dieses nationale Ziel mobilisiert. Lernen, Arbeiten und Sparen waren die Mittel zum Erfolg. Hatte der Staat zunächst die Ziele vorgegeben, übernahmen im Zuge des Wiederaufstiegs nach dem Zweiten Weltkrieg die großen Unternehmen schrittweise selbst die Führung; allerdings sorgte der Staat weiterhin da-

»Den Westen einholen und überholen«

für, dass der heimische Markt durch hohe Schutzzölle und andere Handelshemmnisse bis in die 1970er Jahre weitgehend abgeschottet blieb. Derweil sondierten Japans riesige Handelshäuser weltweit die Marktchancen, beschafften Rohstoffe für die heimische Produktion und vertrieben die Erzeugnisse der kleinen und mittleren Betriebe. Große Industriekonzerne bauten ihre eigenen Vertriebsnetze auf.

Konzentration auf wenige Produkte

Im Export beschränkten sich die Japaner zunächst auf wenige Produkte mit erprobter Technologie, für die ein Massenbedarf bestand. Diese produzierten sie in guter Qualität und aufgrund hoher Stückzahlen auch zu günstigen Preisen. Nach diesem Rezept eroberten japanische Kameras, Motorräder, Radios und Fernsehgeräte, später auch Maschinen und Autos die wichtigsten Märkte der Welt. Mit wachsendem Erfolg wagten sich die Japaner auch auf technisches Neuland und teurere Marktsegmente vor.

Elektronische Erzeugnisse

Im Bereich elektronischer Erzeugnisse traten sie erstmals als Vorreiter auf.

Die Wertpapierbörse von Tokyo ist einer der wichtigsten Börsenplätze der Welt

Mitte der 1980er Jahre schienen sie bei Halbleitern (Chips) und Computern einen uneinholbaren Vorsprung zu haben.

Die USA holt auf

Doch seither haben die USA ihre Pionierrolle in der Spitzenelektronik zurückerobert, die amerikanische Autoindustrie hat sich von dem Ansturm der Japaner erholt, und die Regierung in Washington hat amerikanischen Industrie- und Agrarerzeugnissen breiteren Zugang zum japanischen Markt verschafft, um das chronische Handelsdefizit der USA mit Japan abzubauen. Auch die Europäer sind dabei, ihre Kräfte zu reorganisieren, in Asien wachsen neue Konkurrenten heran.

Wirtschaftskrise

Die Japaner selbst erleben seit den 1990er Jahren, dass ihre Bäume nicht mehr in den Himmel wachsen. Das Platzen der Spekulationsblase bescherte ihnen die längste Wirtschaftskrise seit 1945. Unter den G-7-Staaten ist Japan heute am höchsten verschuldet. Die Konjunktur stagniert mit bescheidenen Zuwachsraten zwischen 0 und 1 Prozent. Die Arbeitslosigkeit ist auf Rekordhöhe. Besonders die Bauindustrie und der Finanzsektor stecken noch in großen Schwierigkeiten. Zwei Großbanken und das traditionsreiche Wertpapierhaus Yamaichi gingen bankrott. Ein nachhaltiger Wirtschaftsaufschwung ist noch nicht in Sicht.

Hohe Arbeitslosigkeit

Wissenschaft und Forschung

Bevor die Pille ihren Siegeszug antrat, wählten viele Frauen die Knaus-Ogino-Methode als Mittel zur Verhütung von Schwangerschaften. Zwei Gynäkologen hatten die Grundlagen dafür unabhängig voneinander erarbeitet: Hermann Knaus in Österreich und Ogino Kyūsaku in Japan. Ihre Erkenntnisse über die »fruchtbaren« Tage im Menstruationszyklus der Frau wurden 1934 zur Knaus-Ogino-Lehre zusammengefasst. Ein

Knaus-Ogino-Lehre

deutscher (E. Gräfenberg) und ein japanischer Frauenarzt, Ōta Tenrei, entwickelten, ebenfalls unabhängig voneinander, um 1930 das Pessar als Verhütungsmittel. Dem japanischen Chemiker Akamine Jōkichi gelang es als Erstem, das Hormon Adrenalin aus Rinderdrüsen zu isolieren, er ließ das Verfahren 1901 in den USA patentieren. 1894 entdeckte der japanische Bakteriologe Kitasato Shibasaburō in Hongkong die Pestbakterien. Kitasato hatte 1885–1891 in Berlin bei Robert Koch studiert, dem Begründer der Bakteriologie.

Medizinische Forschung

Abgesehen von Ogino sind die Namen dieser Forscher außerhalb Japans nur Fachleuten bekannt. Als erster Japaner erhielt 1949 der Atomphysiker Yukawa Hideki den Nobelpreis, der zu dieser Zeit Professor an der New Yorker Columbia-Universität war, aber für Forschungsarbeiten ausgezeichnet wurde, die er vor seiner Einladung nach Amerika in Japan geleistet hatte. Einer von Yukawas Kollegen am Forschungsinstitut für Grundlagenphysik der Universität Kyōto, Tomonaga Shin'ichirō, erhielt 1965 zusammen mit den amerikanischen Physikern Feynman und Schwinger den Nobelpreis für Physik; Tomonaga hatte vor dem Kriege auch zwei Jahre in Deutschland Atomtheorie bei Werner Heisenberg studiert. Den Physiker Esaki Reona alias Leo Esaki kennen Halbleiter-Experten von der nach ihm benannten Esaki-Diode. Sie beruht auf Erkenntnissen, die Esaki in den 1950er Jahren im Labor des Vorgängers der Firma Sony gewonnen hatte. Seinen Nobelpreis in Physik erhielt Esaki 1973 für Arbeiten, die er im amerikanischen Firmenlabor von IBM gemacht hatte. Der Chemiker Fukui Ken'ichi wandte die Theorie der Quantenmechanik auf chemische Reaktionen an und wurde dafür 1981 mit dem Nobelpreis für Chemie ausgezeichnet.

Nobelpreisträger in Physik und Chemie

Man sagt den Japanern nach, sie seien schwach in der Grundlagenforschung und stark in der angewandten Forschung; das Gegenteil hört man vielfach über Deutschland. Das wird in beiden Ländern als Problem angesehen. Beide Länder geben etwa 3,5 % ihres Volkseinkommens für Forschung und Entwicklung aus, aber der Anteil öffentlicher Gelder ist in Japan nur halb so hoch wie bei uns. Um das Defizit in der Grundlagenforschung auszugleichen, hat die Regierung die Gründung von Wissenschaftsstädten betrieben. So entstanden die Forschungszentren Tsukuba (unweit Tokyos) und Kansai (Westjapan). Mit öffentlichen Mitteln wurde außerdem die Entwicklung einer eigenen Raketentechnologie finanziert. Aus bescheidenen Anfängen mit einer winzigen »Bleistiftrakete« ist mit dem erfolgreichen Start der H2 im Februar 1994 eine Weltraumrakete der Zweitonnenklasse hervorgegangen. Doch das Ziel, die H2 auch als kommerziell nutzbare Trägerrakete zu etablieren und Amerikanern, Russen und Europäern Konkurrenz beim Start von Weltraumsatelliten zu machen, wurde nach kostspieligen Fehlschlägen 1998 und 1999 aufgegeben. Jetzt soll die H2 mit US-Technologie fit gemacht werden.

Defizit in der Grundlagenforschung

Bleistiftrakete H2

Wohnen

Wer ein japanisches Haus betritt, muss zunächst die Schuhe ausziehen, um den Straßenschmutz nicht hereinzutragen. Im zumeist erhöhten Flur stehen Pantoffeln bereit. Nur auf Strümpfen oder barfuß betritt man ein *Tatami*-Zimmer, das Herzstück japanischer Wohnkultur. Im traditionellen Wohnhaus sind alle Zimmer außer Flur, Küche, Bad und Toilette mit Tatami ausgelegt.

Tatami-Zimmer

Der Fußboden eines Tatami-Raums – die Japaner sprechen von *Wa-shitsu* (japanisches Zimmer) – setzt sich aus einer Anzahl rechteckiger Holzrahmen zusammen, die mit Strohmatten ausgefüllt und mit feinem Binsengeflecht überzogen sind. Tatami entsprechen dem Teppichboden westlicher Räume *(Yō-shitsu).* Man kann direkt auf Tatami sitzen, Sitzkissen oder Stühle und Sessel benutzen. Tische und Pulte sind entsprechend niedrig gehalten. Der flache Tisch wird abends an die Wand gestellt, um Platz zum Schlafen zu schaffen.

Raummaß Tatami

Die Zimmergröße wird in Tatami gemessen. Ein Sechs-Tatami-Raum *(Roku-jō-ma)* gilt als Standardgröße. Allerdings sind die Ausmaße nicht überall gleich. Eine große Tatami misst etwa 0,90 x 1,80 m und bietet einem Menschen gerade genügend Platz zum Schlafen. Die Japaner schlafen übrigens nicht »auf dem Fußboden«, wie oft behauptet wird. Vielmehr holen sie abends – sofern sie nicht auf westliche Betten umgestiegen sind –

Futon

Matratzen *(Futon)* und Bettzeug aus dem Wandschrank *(Oshi-ire)* und bereiten damit auf dem Tatami-Boden ihr Nachtlager. Morgens wird alles wieder weggeräumt. Tatami-Zimmer haben Schiebetüren, *Fusuma.* Sie bestehen aus festem Papier, das auf einen Holzrahmen gespannt und oft mit einem Muster oder einer Malerei geschmückt ist. Sonstiger Zimmerschmuck – etwa eine Blumenvase oder ein Rollbild –

Toko-no-ma

wird im *Toko-no-ma* plaziert, einer gewöhnlich neben dem Wandschrank ausgesparten Nische mit erhöhtem Boden. Schiebetüren vor den Fenstern, *Shōji,* die mit milchig-weißem Papier bespannt sind, mildern das direkte Licht von draußen. Selbst die kleinste Wohnung hat zumindest ein Tatami-Zimmer, sozusagen die »gute Stube«. Aber häufig wird der Tatami-Boden mit einem Teppich zugedeckt, entweder aus Bequemlichkeit – manche Teppiche sind weniger empfindlich – oder wegen einer Verwirrung des Stilgefühls, die sich auch beim Vollstopfen der dafür viel zu kleinen Zimmer mit westlichen Möbeln oder einem Klavier zeigt.

Hausaltar und Miniaturschrein

In den meisten Haushalten gibt es einen buddhistischen Hausaltar *(Butsudan)* oder einen schintoistischen Miniaturschrein *(Kamidana)*, oft sogar beides (▶Religion). Dort wird an bestimmten Gedenktagen oder auch täglich mit Gebeten und Opfergaben der eigenen Vorfahren gedacht.

Hohe Grundstückspreise

Auf dem Lande können japanische Häuser sehr geräumig sein. In den Städten aber sind Häuser und Wohnungen unter dem Druck horrender Grundstückspreise immer kleiner geworden. Im Landesdurchschnitt standen 1998 pro Haushalt 94 qm Wohnfläche zur Verfügung. Regierungsziel sind 100. Dank der schwachen Konjunktur sind die Grundstückspreise auf das Niveau von 1985 gefallen, aber immer noch sehr hoch. Dennoch ist der Wille der Japaner ungebrochen, möglichst auf eigenem Grund und Boden, zumindest aber innerhalb der eigenen vier Wände zu leben. Man nennt das

Die Bewohner der Mietskasernen träumen vom eigenen Häuschen – und lüften ihr Bettzeug in der Sonne

My-home-shugi (aus dem englischen »my home«, mein Haus/Heim, und dem japanischen Wort für »-ismus« oder »Prinzip«). Über 60 % aller Haushalte sind Eigenheime, in Tokyo immerhin noch fast 40 %. Statt teurer Holzhäuser baut man Fertighäuschen aus Kunststoff, der nicht so leicht brennt und außerdem besser isoliert, sodass sich die Räume mit kleinen Klimaanlagen recht gut kühlen oder wärmen lassen. Eine gewisse Elastizität bietet Schutz gegen kleinere ▶Erdbeben. Wer sich den Traum von den eigenen vier Wänden erfüllen will, muss eisern sparen und lange abzahlen, denn die öffentliche Förderung ist nur sehr bescheiden.

Eigenheime

Glossar

Amida	Buddha des Lichts und der Gnade
-bashi/-hashi	Brücke
Bodhisattwa	(jap. Bosatsu) Erleuchteter, der auf die Buddhaschaft verzichtet, um anderen zur Erleuchtung zu verhelfen
Bushi	Samurai-Krieger
Bushi-dō	Ehrenkodex des Schwertadels
Butsu	japanische Bezeichnung für Buddha
Cha	Tee
Cha-dō	Teezeremonie
Daimyō	Feudalfürst
Daruma	jap. für Bodhidarma, Begründer des Zen-Buddhismus; Dharma-Puppe
-den	Halle
-dera/-tera	Tempel
-dō	Halle, Weg
-dōri/-tōri	Straße

-ema	Votivbild
-en	Garten
-gawa/-kawa	Fluss
-gū	Schrein
-gyoen	Kaiserlicher Garten, Park
Hachiman	Kriegsgott
-hashi/-bashi	Brücke
Haiden	Gebetshalle eines Schreins
Honden	Haupthalle eines Schreins
-in	Tempel, Kloster
-ji	Tempel
-jingū	Großschrein, Hauptschrein
-jinja	Schrein
Jizō-bosatsu	Schutzgott der Reisenden, Schwangeren und Kinder
Kagura	Shintoistischer Ritualtanz
Kami	Gottheit im Shinto
-kan	Halle
Kanji	chinesisches Schriftzeichen
Kannon	Bodhisattwa der Gnade im
Amida-	
	Buddhismus
Karma	Summe aller Taten, Schicksal
-kawa/-gawa	Fluss
Kōdō	Predigthalle, Aula, Vortragshalle
Kondō	Goldene Halle, Haupthalle eines Tempels mit den Buddha-Statuen
-ku	Stadtbezirk
-machi	Stadtteil
Matsuri	schintoistisches Kultfest mit Umzügen
Mikoshi	tragbarer Schrein bei Shinto-Festen
-miya	Schrein

-mon	Tor
-mura	Dorf
-myōjin	Schrein; eigentlich ein buddhistisch inkarnierter Shinto-Gott
Romaji	lateinische Umschrift des Japanischen
Sabi	Schönheitsideal der Würde des Alten, Patina
Sam-mon/ San-mon	Haupttor eines Tempels
Samurai	Mitglied des Schwertadels
Satori	Erleuchtung; Ziel der Meditation
Seppuku	ritueller Selbstmord durch Aufschneiden der Bauchhöhle
Shaka	(auch Shakyamuni) historischer Budhha
Shōgun	Militärherrscher
Sutra	richtungsweisende buddhistische Schrift
-teien	Garten, Park
-tenjin	Schrein
-tera/-dera	Tempel
-tō	Pagode, Aufbewahrungsort der Reliquien und Symbol der Weltachse
-tōri/-dōri	Straße
Torii	Eingangstor zum Schrein
Wabi	Schönheitsideal des Sich-Selbst-Genügens, der Einfachheit
Yakushi	heilender Buddha

Register

Bildnachweis

Agentur Dziemballa/ Günther Lahr: 149; Rainer Hackenberg: 3, 9, 20, 27, 31, 41, 53, 76, 91, 96, 122, 131, 143, 179, 184; laif/ Impact Visuals/ Richard Renaldi: 1; Erhard Pansegrau: 69, 103, 157, 165; via/ Franz-Josef Krücker: 88; Titelbild: Rainer Hackenberg (oben), Erhard Pansegrau (unten)

Quellennachweis

Der Abdruck der Literaturauszüge erfolgte mit freundlicher Genehmigung der folgenden Verlage:

Ian Buruma, *Japan hinter dem Lächeln. Götter, Gangster, Geishas.* © Ullstein-Verlag, Frankfurt/Main – Berlin 1985.

Gerhard Dambmann, *25mal Japan.* © Piper Verlag, München 1985.

Tanizaki Jun'ichiro, *Lob des Schattens. Entwurf einer japanischen Ästhetik.* © Manesse-Verlag, Zürich 1987.

Peter Kapitza (Hrsg.), *Japan und Europa.* Texte und Bilddokumente zur europäischen Japankenntnis von Marco Polo bis Wilhelm von Humboldt. © iudicium verlag, München 1990.